우리 시대 특별하고도 평범한 사람들의 자전집

각자의 별
누구나의 서사

김은희 방길순 승희 이윤실 주미소 홍길태 지음

걸작의 재료는 평범한 사람들의 이야기다

성우학원 강의실에서 그 작당이 시작되었다. 바로 자서전 한 권, 그리고 그 자서전을 녹음한 오디오 북을 남기자는 모임이었다.

처음엔 서로 어색하기도 했다. 처음 만나는 사람도 있는데, 이렇게 깊은 속 이야기를 풀어 놓아도 될까 하는 마음도 있었다. '내가 대단한 사람도 아닌데 왜 자서전을 써야 할까.'라는 의견도 있었다.

그러나 차츰차츰 속에 쌓인 이야기 보따리를 풀어 나가면서 우리는 서로의 이야기를 들었다. 서로 공감하며 인생 이야기 중 재미 없는 이야기도 없고, 가치 없는 이야기도 없다는 데에 의견을 모았다. 위인전은 남이 써주지만, 자서전은 자신이 직접 쓰는 것이라는 데에도 의견을 모았다. 그리고 남의 이야기이건, 나의 이야기이건 이 땅에 다녀간 사람들의 이야기는 모두 소멸되기 아깝고, 소중하고, 아프지만 또한 사랑스럽다는 이야기를 나누었다. 또한 사람은 자기 삶에서 바라는 이상이 있고, 목적지가 어디인지 정확하게는 모르지만 그 이상을 따라 하루하루를 소중하게 살아가는데, 그 모습이 마치 별을 따라 길을 걷는 여행자 같다는 생각도 하였다.

대단한 업적만 기록을 남겨야 하는 것은 아니다. 지금은 대단한 업적이 10년 후엔 아무 것도 아닐 수도 있다. 하지만 평범한 한 사람이 태어나고, 성장하고 어려움을 극복하고, 때로는 기적을 맛보고 때로는 기쁨을 맛보는 과정은 예나 지금이나 많은 이에게 울림을 준다. 그 한 사람이 수많은 이야기를 품고 있어 마치 또 하나의 우주를 보는 것 같다. 하지만 그 사람이 떠나면 이야기도 사라진다. 심지어 우리는 내 가족, 친척의 이야기도 기록하지 않으며, 내 할머니 할아버지의 인생도 그리 자세히 알지 못하는 것이다.

기록하지 않으면 소멸해 버릴 이 이야기들은 저마다의 가치가 있고, 그래서 너무나 아깝기만 하다. 이야깃 거리가 없는 인생도 없고, 가치가 없는 삶도 없으며, 세상 빼어난 명작도 알고보면 평범한 사람들의 이야기인 것이다.

누구나 자신만의 소중한 별을 이상처럼 가슴에 품고 하늘을 바라보며 조심스레 인생 길을 걷는다. 그 별에 당도해도, 당도하지 않아도 그 여정 자체로 아름다운 이야기를 남기는 것이다.

2024년 5월 5일
자서전 쓰기란 긴 여정을 함께한 분들을 대신하여
강의하고 편집한 최지윤

목차

우리 시대 특별하고도 평범한 사람들의 자전집

각자의 별
누구나의 서사

김은희 방길순 승희 이윤실 주미소 홍길태 지음

각자의 별 누구나의 서사

우리 시대 특별하고도 평범한 사람들의 자전집

2024년 5월 27일 1판 1쇄 발행

지은이	김은희 방길순 승희 이윤실 주미소 홍길태
펴낸이	최지윤
펴낸 곳	시커뮤니케이션
서점관리	하늘유통
제작한 곳	유진보라

등록	2022-000009호
홈페이지	www.seenstory.co.kr
전자우편	seenstory@naver.com
팩스	0303-3443-7211

ISBN 979-11-92521-47-3(03810)

아파도 천국
기뻐도 천국
모두 다 사랑

주미소

내 유년의 기억은 천국과 닮아 있다. 물론, 뱀과 악수해도 되고, 가시를 맨손으로 집어도 되는 '완벽하고 이상적인 환경'의 낙원은 아니었다. 하지만 실수해도, 잘못해도, 부족해도 여전히 기회를 얻고 사랑받았으므로, '환경의 결과'가 천국과 몹시 닮았다는 뜻이다.

내 생애 최초의 기억은 초등학교 1학년 때였다. 학교에서 돌아오는 길에 오줌이 마려웠다. 다리를 비비 꼬면서 주위를 두리번거리면서도 화장실에 가야겠다는 생각은 하지 못했다. 그저 빨리 집에 가야 한다는 생각만 했다.

'집에 가야지, 집에 가야지, 집에 가야지!'

꾹 참고 참아서 결국 집 앞 계단까지 왔다. 바로 눈앞에 우리 집이, 엄마가 있는 집이 보였다. 하지만 더는 걸을 수가 없었다. 나는 다리를 꼬면서 아주 작은 소리로 엄마를 불렀다.

"엄마!"

그 순간이었다. 나도 모르게 오줌이 나와버렸다.

"으앙! 몰라!"

어찌할 바를 몰라, 망부석같이 그 자리에 서서 서럽게 울었다. 아랫집

아주머니가 내 울음소리에 문을 살포시 열어보시더니 빙그레 웃으며 문을 닫았다. 그걸 보며 난 계속 울었다. 추석빔으로 산 옷이 오줌으로 다 젖어버렸다. 나의 울음소리에 작은 언니가 뛰어나왔다. 언니를 보고 나는 더 크게 울었다.

언니는 오줌이 묻은 나를 얼른 안고 집으로 들어가, 깨끗이 씻기고 예쁜 옷으로 갈아입혔다.

"괜찮아, 괜찮아. 울지 말거라."

언니와 함께 방으로 들어가니, 가족들이 나를 보고 환하게 웃으며 안아주었다. 나는 그제야 울음을 그치고 빙그레 웃었다.

아버지는 아침마다 그때 돈으로 20원을 주시면서 10원은 오전에, 10원은 오후에 과자 사서 먹으라면서 뽀뽀도 해 주고, 업어 주고 나서야 출근하셨다.

나는 아버지가 주신 돈으로 과자도 사 먹고, 종일 즐겁게 지내다가 아버지가 퇴근하실 때를 기다렸다. 아버지는 퇴근할 때 과자를 한 자루씩 들고 오셨는데, 지금 생각해 보니 그것은 '뻥튀기'라고 불렀던 전통 과자였던 것 같다. 나는 아버지가 사 온 과자를 가족 수대로 나누고, 가족들은 함께 둘러앉아서 내가 나누어준 과자를 먹으면서 도란도란 이야기를 나누었다. 언니들도 집에 올 때는 먹을 것을 사 왔는데, 나누는 일은 항상 내가 맡았다.

예방 주사를 맞는 날에는, 큰 바늘로 주사를 맞는 게 너무 무서웠다. 병원으로 출발하기 전부터 엉엉 울기 시작해서, 주사를 다 맞고 돌아올 때까지 서럽게 울었다. 이런 나를 보고 아버지는 아기 같다고 놀리곤 하셨다. 하지만 아기 같다고 나를 타박하는 사람은 없었다. 나는 아기 같을 때에는 아기 같아서 사랑받았고, 가끔 성숙한 모습을 보이면 또 그래서 사랑받았다.

내가 너무 아기 같아도, 집 밖에서 쉬야를 좀 해도, 내 역할은 변함없이 간식을 나누어 주고, 가족들에게 사랑받는 역할이었다.

엄마는 나를 위해 원피스를 손수 만들어주셨다. 한번은 볼록한 모양의 속치마를 넣어서 만든 예쁜 원피스를 내게 입혀주셨다. 원피스를 입은 날은 좋아서 깡총깡총 뛰면서, 내가 제일 예쁘다고 생각하면서 학교에 갔다.

우리 반은 남자 반장 1명에 여자 부반장 2명이었는데, 부반장은 나와 우리 반 여자 친구였다. 여자 친구는 볼이 통통하고 이마가 톡 튀어나왔고, 예쁘고, 단정했다. 부반장이 하는 일이란 수업 전에 시끄럽게 하는 친구들의 이름을 칠판에 적는 것이었다. 남자 반장은 나에게 와서 "내 이름도 적을 거야?"라고 물으며, 나를 툭 치고 도망가곤 했다. 그래도 나는 남자 반장이 싫지 않아서 반장 이름만은 적지 않았다.

담임 선생님은 나에게 교무실에 가서 선생님의 노트를 가져오라고 하셨는데, 내가 교무실에 들어설 때면 선생님들께서 "미소 왔네."라면서 반겨주셔서 항상 기분이 좋았다.

학교에서 소풍 갈 때는 김밥 도시락과 과자, 음료수 등을 가지고 예쁜 셋째 언니가 나와 함께 소풍을 갔다. 소풍 때 반 친구들과 단체 사진을 찍을 때는 부반장과 둘이 사과를 입에 대고 재미있게 찍었다.

2학년 담임 선생님이 걷던 모습은 아직도 기억에 생생하다. 운동장을 걸을 때면 한쪽 손은 호주머니 속에 넣고 멀리 바라보시면서 꼿꼿하게 걸으셨는데, 신기하게도 넘어지지 않고 계속 잘 걸어가는 모습이 멋있다고 생각했었다.

그 시절에는 학생 수가 많아서 오전반, 오후반이 있었다. 하루는 내가 오후반으로 잘못 알고 오후에 학교에 갔는데, 교실에 들어가는 순간 반 친구들이 "우리는 집에 가는데, 부반장이 지금 오네!"라며 놀려댔다. 나는 얼굴이 빨개지면서 눈물이 쏟아져 앙앙 울어버렸다.

그때 담임 선생님께서 "조용! 조용! 선생님도 미소처럼 오후반인 줄 잘못 알고 오후에 학교에 온 적도 있었단다. 괜찮아. 괜찮아."하시면서 내 어깨를 토닥토닥 두드려 주셨는데, 그 순간 나는 울음을 뚝 멈추었다. 멋진 선생님 덕에 2학년 말에는 개근상도 받을 수 있었다.

명절에는 평소보다 몇 배로 더 큰 사랑과 기쁨을 누렸다.

설 명절에는 불린 쌀을 함지박에 담아서 언니의 머리에 이고 함께 떡 방앗간에 갔다. 사람들이 많이들 줄을 서서 기다리는데, 날씨가 상당히 추워서 손과 발이 시려웠다. 나는 콩콩 뛰면서 차례를 기다려야 했다. 드디어 우리 차례가 되면 기계에서 쭉쭉 떡이 나왔다. 찰떡에 노란색 연두색 고물을 입히고, 함지박에 담아 언니가 머리에 이고 함께 집에 돌아왔다. 집에선 엄마가 만드는 가자미전, 오징어튀김, 고구마튀김의 냄새가 그득히 풍겨왔다.

"와! 내가 제일 좋아하는 가자미전이다!"

부엌에 들락날락하면서 가자미전을 먹고 또 먹어도 계속 맛이 있었다. 그때 일을 생각하면서 가끔 가자미전을 만들어 먹지만, 그때 엄마가 만들어 주신 가자미전이 훨씬 더 맛있었다. 그 맛은 평생 못 잊을 것 같다.

가족들을 배불리 먹이면서도 엄마는 명절 음식을 한 접시 가득 담아서 마을 집집에 나누어 주셨는데, 음식을 배달하는 것은 주로 내 일이었다. 내가 음식을 가지고 가면 사람들은 미소를 한가득 지으면서 좋아들 하셨다.

　가을이 되면 우리 집 울타리는 코스모스로 가득 차서 코스모스 울타리가 되었다. 꽃밭에는 포도나무도 있었고, 채송화도 피었고, 봉숭아도 피었는데, 항상 짙은 흙냄새가 가득했다. 흙 속에는 달팽이도 꿈틀거렸고, 비가 오는 날이면 지렁이도 지렁지렁거렸다. 나는 가끔은 꼬챙이로 달팽이와 지렁이를 건드려 보았다. 달팽이는 동글동글, 지렁이는 지렁지렁하게 생겨서 정말 징그러웠다. 하얀 나비나 노랑나비가 흙으로 내려앉아서 꽃냄새를 맡으며 나풀나풀 재미있게 놀다 가는 모습도 자주 보았는데, 나비가 떠날 때면 꼭 하늘로 날아오르는 것 같다고 생각했다.
　셋째 언니는 봉숭아꽃에 무언가를 넣어 작은 절구에 찧어서 나의 손톱 위에 올려놓고 비닐로 싸주곤 했다. 그러면 나는 손톱이 예쁜 분홍색으로 변하길 기다리면서 나도 노랑나비가 되어 하늘로 저렇게 날아오르면 얼마나 좋을까, 상상했다. 상상만으로도 하늘로 날아오르는 기분이 들었다.

　언니들은 예쁘기도 참 예뻤다. 언니들이랑 길을 걸어갈 때면, 마을 사람들은 코스모스 집 딸들이 간다고 이야기했다.
　첫째 언니는 가끔 나를 데리고 집 뒷산에 가서 산과, 나무, 절들을 그림으로 그리곤 했는데, 그 모습이 너무나 멋져 보였다. 셋째 언니는 마을에 무용이나 노래 자랑대회에 나갈 때마다 냄비, 솥, 큰 함지박을 상으로 받아와서 우리 가족을 기쁘게 해 주었다.
　엄마는 언니가 상으로 받아 온 큰 함지박에 멸치, 당근, 노란 무 등을 잘 섞어서 초밥을 만들어 주셨다. 그 초밥을 옆집에도 나누어 주고, 가족들도 둘러 앉아 함께 먹었는데, 맛이 정말로 좋아서 금세 빈 함지박이 되곤 했다. 새콤한 초밥에 멸치, 당근, 노란 무가 씹히던 그 맛. 우리 엄마의 정성이 담긴 초밥이 최고였다.

우리 엄마, 보고 싶다.

눈이 너무 많이 오는 날 떠난 엄마

중3 때로 기억한다.

"엄마! 엄마!"

엄마의 얼굴에 나의 볼을 대고 만지고 쓰다듬고 몸을 흔들고 또 흔들었는데도 아무 소리도, 반응도 없었다. 얼굴도 손도 차디찬 엄마였다. 발을 만져보니 이미 굳어 있었다.

발을 주무르고 또 주물렀지만 굳은 발은 펴지지 않았다. 엄마가 추울까 봐 이불을 덮어주고 엄마! 우리 엄마 발이 굳어서 어떡하지! 어떡해! 하며 울었다. 울면서도 굳은 발이 녹으라고 엄마의 발을 만지작거리고, 가슴에 품기도 하면서 그대로 잠이 들었다.

하얀 눈이 소복소복 쌓이는 눈길 위로 엄마가 누워있는 상여가 우리 집 뒷산으로 가려고 하는데, 사람들이 속삭이는 소리가 들렸다.

"상여 나갈 때 눈이 오면 죽은 사람이 좋은 곳으로 가는 거라던데, 눈이 이렇게 많이 오니 미소 엄마는 사람이 좋아서 좋은 곳으로 가고 있나 보네."

"맞아. 우리 엄마는 아주 좋은 곳으로 갈 거야. 착한 우리 엄마, 좋은 우리 엄마!"

가족들은 나에게 따라오지 말라고 했다. "미소는 집에 있는 게 좋을 것 같아. 눈이 많이 오니깐 위험해. 우리 금방 올 거야."

나는 집에서 엄마 생각에 잠겼다. "땅속은 얼마나 깊을까? 많이 깊을까? 눈이 많이 와서 몹시 추울 텐데, 우리 엄마 추워서 어떡하지? 굳은 발은 어떡하지?"

이후로 나는 어딘가 모르게 기운이 없고, 힘이 없었다. 아프긴 한데 어디가 어떻게 아픈지도 몰랐다. 그냥 많이 아팠다.

아버지는 나를 데리고 초량동에 있는 침례병원 내과에 가서 진찰받게 했다. 그러나 특별한 병명은 없었다. 의사는 입원해서 경과를 보자고 하였고, 쉬는 것도 좋겠다고 했다. 하지만 입원해도 병세는 나아지지 않았다. 얼마 후 퇴원하고, 집에서도 나는 심하게 앓았다. 병원에서 약을 지어 먹어도 차도가 없었다.

하루는 머리를 식히려고 집 뒷산에 올라가서 시원한 산바람을 쐬니, 머리가 좀 가벼워지기는 했다. 산 위에서 마을 친구들이 교복을 입은 모습을 보니 나도 빨리 학교에 가고 싶었다. 하지만 이상하게도 몸이 내 마음대로 되지 않아 답답했다.

시내를 걸으며

범내골 길은 우리 집에서 가까운 거리는 아니었지만, 나에겐 친숙한 거리였다. 육교가 있는 길이 있었고, 학원들이 즐비해 있었다. 당시 미니스커트가 유행하던 시절이라, 여자들은 핸드백으로 엉덩이를 가리고 육교를 오르내리곤 했고, 나 역시 그랬다.

거리 주변으로는 양재학원, 자수학원, 미용학원, 타자학원 등이 있었다. 그중 타자학원이 유난히 눈에 들어와, 나는 타자를 배우기 시작했다. 기계로 글자를 툭, 툭 치는 매력에 푹 빠지게 되었다.

학원장님의 소개로 부산 남포동에 있는 동명극장 사무실 타자수로 첫 취직을 하게 되었다. 가슴이 두근두근했다. 내가 정식 타자수라고 생각 하니, 설레고 두근거리고 기분이 좋아졌다.

그 당시 영화관에는 방송원, 안내원, 사무원이 있었는데, 어느 날 방송 원이 개인 사정으로 출근 못 하는 사고가 발생했다. 전 직원이 출동하여 목소리를 테스트하던 중에 내가 당첨되는 기쁨을 얻었다. 이후로 타자수 와 방송원을 겸하게 되어, 더욱 즐겁게 일할 수 있었다.

극장 일은 즐거웠다. 직원들은 보고 싶은 영화를 얼마든지 볼 수 있었 고, 관객이 많을 때는 '만원사례'라는 도장을 찍은 봉투에 보너스를 받 기도 했다.

영사실에 내게 관심을 보이는 직원이 한 사람 있었지만, 나는 그 사람 이 싫었다. 어느 날은 영사실 부장님이 그 직원이 울었다는 이야기를 해 주었다. 나 때문이라는 것이다. 그래도 싫은 것을 어떡해. 사람은 착하지 만, 그래도 싫은 사람과 결혼은 아니라고 생각했다.

그렇게 즐겁게 지내다보니 1년이 지났다. 그때쯤 나는 퇴근이 항상 너 무 늦다는 생각이 들었다. 방송원이었기 때문에, 마지막 상영 때까지 퇴 근할 수가 없었기 때문이다. 휴일에도 쉬지 못했다. 휴일에는 극장에 평 일보다 더 많은 관객이 몰렸고, 방송원은 휴일에도 쉴 수 없었다. 나는 거의 쉬는 날이 없었던 것이다.

타자학원 원장님을 다시 찾아가 사정 이야기를 했다. 그랬더니 원장님 은 중앙동 선박 회사에 면접을 보게 해 주셨고, 다행히 합격해 출근하 게 되었다.

회사엔 사무부, 업무부, 행정부, 경리부, 영업부 등 부서가 10개도 넘었던 것으로 기억한다. 넓은 사무 공간에 모든 부서가 함께 있었고, 전화 받는 교환실도 있었다. 이곳 선박회사도 즐겁게 다닐 수 있었다. 주말에 쉬는 것은 물론이고 퇴근 후 여가 시간을 활용할 수 있어서 좋았고, 영화를 보고 차를 마실 수 있는 여유도 좋았다.

점심 시간에는 외식하는 동료들은 밖으로 나가고, 도시락을 싸 오는 동료들은 함께 모여 앉아 도시락을 먹었다. 나도 처음에는 외식하는 동료들과 함께 나가서 점심도 먹고 차도 마시곤 했지만, 나중엔 도시락을 사서 먹는 게 훨씬 더 좋겠다는 생각이 들었다. 그러면 아버지와 언니들에게 줄 선물을 살 여유도 생기리라 생각해서였다. 아버지는 직원들과 함께 맛있는 것을 사서 먹으라고 하셨지만, 나는 끝까지 도시락을 싸가지고 출근하겠다고 고집했다. 아버지는 매일 아침 일찍 일어나셔서 내 도시락을 싸주셨다. 정성스럽고 맛있는 도시락이었다.

도시락을 들고 회사에 가면 더욱 즐거운 일이 있었다. 남자 직원들이 도시락을 모아서, 물을 조금 부어 난로에 올려두면 도시락 밥이 약간 눌어서 더욱 고소해지고 따끈따끈해졌다. 동료들과 함께 둘러앉아 김이 모락모락 나는 도시락을 먹으면 그야말로 가족같이 오순도순 즐겁기 그지없었다. 매일 점심시간이 기다려졌다.

그러던 어느 날, 우연히 나 혼자만 도시락을 가지고 오는 사고(?)가 발생했다. 나는 혼자 도시락을 싸 오게 되리라고는 생각지도 못했다. 할수 없이 도시락을 데워서 혼자 먹고 있는데, 영업부 은태 씨가 말을 걸어왔다.

"오늘은 왜 혼자 먹어요?"

"오늘은 나 혼자만 도시락을 가지고 왔네요."

"그럼 내일부터 나도 도시락 싸 올 테니, 나하고 같이 먹어요."

그런 권유가 싫지는 않았다.

이후로 은태 씨도 도시락을 싸 왔다. 점심시간 전에 은태 씨는 내 도시락과 자신의 도시락을 미리 데워서 준비해 놓은 다음, 나와 같이 도시락을 먹었다. 밥을 먹을 때에는 자기 집에서 있었던 일을 재미있게 들려주기도 했고, 내 책상 옆을 지나갈 때면 초콜릿도 살짝 던져주고, 전화로 약간 장난기 있는 말투로 나를 웃겨주기도 했다. 우리는 사무실 옆에 있는 마트에서 호빵, 어묵 같은 간식을 함께 먹기도 했다.

어느 날 둘이 함께 도시락을 먹고 있는데, 부사장님께서 "내일부터는 내 방에 가서 식사하세요."라고 미소 지으면서 친절하게 말씀해 주셨다.

은태 씨와 나는 "네! 감사합니다!"라고 합창하듯 대답했다.

영업부에 또 다른 엘리트 남자 직원이 있었는데, 이름은 잘 생각이 나지 않는다. 점심 후에 간식을 나에게 주곤 했는데, 나는 새침하게 안 먹겠다고 했다. 왜냐하면 종종 나에게 관심을 표현했기 때문에 부담이 되었기 때문이었다. 그리고 둘 중에 아무래도 은태 씨가 더 멋있고 좋다고 생각했고, 행동을 조심해야 한다고 생각했다.

하여튼, 은태 씨가 좋았고, 회사는 즐거웠다.

고모님 댁 아저씨

그즈음 나는 퇴근 후 남포동에 있는 고모님 댁에 간식을 사가지고 방문하곤 했다. 선박 회사가 있는 중앙동에서 남포동에 있는 고모님 댁은 가까웠다. 가면 고모님이 아껴주시고, 저녁도 챙겨주시고, 용돈도 주시는 것이 좋아서 거의 매일 갔다. 고모님이 엄마 같다는 생각이 들기도 했다.

그날은 고모님 댁에 처음 보는 아저씨가 계셨고, 고모님은 고종사촌인 정순 언니와 선 본 남자분이라고 이야기도 해 주셨다. 그랬구나, 하고 아무 생각 없이 TV를 보다가 집으로 왔다. 다음 날도 고모님 댁에 갔는데, 그날따라 고모님이 이상한 소리를 했다. 어제 그 아저씨가 나를 소개해 달라고 간곡히 부탁하더라는 것이다.

고모님 말씀으로는 미소는 나이도 어리고, 아직 공부도 해야 하고, 미소 아버지가 알면 큰일 난다고, 안 된다고 했다는데, 그 아저씨는 미소를 공부도 시키고 키우면서 데리고 살겠다고 했단다. 고모님도 아저씨를 내게 소개하기로 작정한 것 같았다. 시청 공무원이고, 착실하고 등등 계속해서 그 아저씨 칭찬을 아끼지 않았다. 그러나 말도 안 되는 소리라고 생각했다. 그 이후로는 고모님 댁에 잘 가지도 않았고, 그 아저씨도 잊었다.

어느 날 오랜만에 고모님 댁에 가게 되었다. 거기서 처음으로 잠을 자게 되었는데, 왜 자게 되었는지 지금도 생각이 나지 않는다. 잠이 들려고 하는데, 그 아저씨가 살포시 문을 열고 들어와서 조금만 앉아 있다가 나갈 거니깐 놀라지 말라고 했다. 추워서 잠깐 들어왔단다. 나는 놀라서 몸이 굳어지고, 말도 안 나오고, 꼼짝도 못 하고 가만히 있었는데, 조금 후에 아저씨는 문을 열고 나갔다.

놀라서 굳은 몸은 빨리 일어날 수가 없었다. 조금 후에 겨우 일어나 방문을 잠갔지만, 가슴이 콩닥콩닥 뛰고 잠이 오지 않았다.

그 후에도 고모님의 끈질긴 설득이 시작되었다. 고모님이 하시는 말씀이 "이제 남자가 여자 방에 들어갔으니, 어떡하니? 소문도 났을 거고. 결혼해야 하지 않겠니?" 하시는 게 아닌가.

나도 가만히 생각해 보니, 내가 자는 방에 남자가 들어왔으니, 정말 결혼해야 하는 건가, 싶었다. 머리가 복잡해지면서 생각이 많아졌다. 그 사이 어느새, 일 년이 훌쩍 지나가고, 아저씨와 고모님의 끈질긴 구애 끝에 결혼하게 되었다.

나중에 알고 보니 큰언니는 고모님 댁에 가서 철없는 애를 결혼시킨다고 고모님과 다투었다고 했다.

1974년 12월 22일. 부산 시청 앞에 있는 신신 예식장에서 직장 동료와 가족, 친척들의 축복을 받으며 결혼식을 하게 되었다. 하얀 드레스를 입고, 주례자 앞에 선 내 몸은 사시나무 떨듯 떨고 있었다.

고달픈 신혼

부산 수영구 수영동에서 신혼생활을 하게 되었다.

한적한 마을이었고, 새로 지은 집들이 많았으며, 마을이 형성되어 가는 중이었다.

고모님은 이 동네에 집을 가지고 있었는데, 그 집을 신혼집으로 쓰라고 주셨다. 여섯 채를 똑같이 지은 집 중 한 채였다. 마당이 넓고, 두레로 물을 퍼 올려서 발 위에 부으면 차가워! 소리가 나오는 맑은 우물이 있었고, 텃밭도 있는 예쁜 집이었다.

어느날은 아침밥을 지으려고 새벽에 일어나보니 이런, 연탄불이 또 꺼져 있었다. 마음이 급해서 콩닥콩닥했다. 얼른 구멍가게로 달려가서 착화탄을 사서 눈물 콧물 흘리면서 불이 빨리 붙기를 애타는 마음으로 기다렸다. 그렇게 아침밥을 준비하느라 마음고생도 많이 했다. 내가 아궁이 연탄불을 조절할 줄 모르니, 고생할 수밖에 어쩔 도리가 없었다. 그땐 정말로, 연탄불이 자주 꺼지곤 했다.

부엌을 나름대로 청소하고, 그릇들을 정리하고 나면, 가벼운 마음이 된다. 그러던 어느날, 어머니가 갑자기 "야!"하며 부르셔서 부엌으로 달려가야 했다. 그날따라 어머니는 많이 화가 나 있었다.

"니 세간살이가 아니고, 내 세간살이인데, 니 마음대로 정리하지 마라! 내가 하던 대로 다시 정리해서 살림해라!"

나는 많이 놀랐지만, "네." 대답하고, 그릇들을 본래 위치대로 다시 정돈했다.

처음에 어머니께서 나를 '야!'라고 부르시면, 우리 집에 다른 누군가 온 줄 알았다. 그런데 나보고 '야!'라고 부르신 것이다. 이해가 잘 안되었다. 그 이유가 궁금했다. 왜 '야!'라고 부를까. 남편 설명으로는, 이북 사람들은 며느리를 그렇게 부른다고 했다.

그리고 이해가 되지 않는 말이 또 있었다. 바로 '종간나.' 어머니는 나에게 '종간나'라고 불렀다. 남편에게 그게 무슨 뜻이냐고 물었더니, 남편은 빙그레 웃으면서 이북에서는 자주 쓰는 말이고, 나쁜 뜻은 없다고 했다. 그러면서 어머니는 연세가 많으시니 우리가 이해하자고 했다.

난 이해할 수가 없었다.

'이상하다.'

시어머니의 고향은 함경도라고 했다. 시아버님은 돌아가시고, 2남 3녀와 월남하셨다고 했다. 어머니는 드센 분이었고, 나는 어머니를 대하기 어려웠다.

"어머니, 저녁 드세요."

"니는?"

"저는 기다렸다가 같이 먹을게요."

남편과 같이 먹겠다는 뜻이었다. 하지만 시어머니는 역정을 내었다.

"나 혼자 먹으라고? 빨리 밥 가져와서 같이 먹어! 언제 올지 모르는데!"

나는 아무 말도 하지 못하고 어머니와 저녁을 먹게 되었지만, 남편과 함께 저녁을 먹고 싶었다.

남편은 퇴근 후면 항상 어머니 곁에서 저녁을 먹으면서 사무실이나, 인간 관계를 이야기했다. 나도 남편 옆에서 남편과 어머니의 이야기를 듣곤 했다. 어머니는 주로 나의 일과를 남편에게 이야기했다. 시장은 몇 시에 갔고, 목욕탕은 몇 시에 갔다 등등. 나의 일과를 보고하는 느낌도 들었지만, 어머니의 이야기를 다 들어주면서 저녁을 먹는 남편이 효자라고 생각했다.

남편은 월급봉투를 모두 어머니께 가져다드렸다. 어머니는 생활비를 하고 남은 돈은 항상 산에 가서 산기도 비용으로 다 써버리는, 미신을 믿는 분이었다. 나는 어머니에게 부식비를 받아 알뜰살뜰 장을 보았다.

결혼 전에는 남편을 막연히 '아저씨'라고만 생각했고, 나이를 잘 몰랐는데, 결혼하고 나서 보니, 남편은 나보다 나이가 16살이나 더 많았다. 게다가 남편이 막내라, 모든 시집 식구들과 심지어 조카들보다도 내가 더 어렸다. 그래도 나보고 '작은 숙모'라고 불러주었고, 나도 '내가 작은 숙모니까, 숙모처럼 잘해야지.'하고 마음먹곤 했다. 조카들은 나보다 나이도 많은데, 나를 무척 좋아해 주고, 아껴주려고 했다. 숙모님, 숙모님 하면서 할머니 밑에서 힘들겠다고 위로도 해 주었다.

어머님 생신이나 명절에는 모든 가족이 우리 집에 다 모였다. 큰 시누 가족, 작은 시누 가족, 셋째 시누 가족 모두 할머니께 인사드리러 오는 것이었다. 콜라를 좋아하는 어머님을 위해 콜라 박스가 선물로 들어오곤 했다.

명절과 생신 외에도, 두 형님은 어머님과 벗이 되어드린다고 자주 오셨는데, 그날도 어머님과 함께 방에 계셨다. 어머님은 갑자기 "야! 구파 닦아라!"라고 하셨다.

구파가 뭘까. 도대체 알 수가 없었다. 잠시 생각해 보니, '닦아라'는 씻으라는 뜻이고, 구파는 곧 '파'란 뜻이 아닐까, 싶었다. 그래서 파를 들고 방으로 가서 "어머니! 파 씻으라고 하셨어요?" 했더니, 세분이 한바탕 크게 웃으셨다. 나도 파를 들고 함께 웃었다. 알고 보니, 마루를 닦으라는 뜻이었던 것이다. 이북에서는 마루를 '구파'라고 한단다. 그러니 웃을 수밖에.

형님들은 비빔국수를 좋아하셨다. 나는 어머님께 배운 국수 양념에 나의 국수 양념을 혼합해서 갖은양념으로 맛나게 비빔국수를 만들어 드렸다. 그러면 형님들은 최고의 맛이라고 칭찬해 주었고, 어머님도 맛있다고 칭찬해 주셨다. 나도 칭찬에 힘이 나서 더욱 맛나는 비빔국수를 해서 밥상에 올렸고, 형님들이 오실 때마다 비빔국수가 단골 메뉴가 되었다.

어느 날은 남편이 잘생기고 까만 셰퍼드를 데리고 오면서 나의 하루는 더욱 바빠졌다. 보리쌀을 푹 삶아서 개에게 주어야 했기 때문이었다. 개는 나날이 살이 통통하게 오르며 잘 자라 주었고, 나를 무척이나 따랐다.

내 인생의 보물, 세 아이들 정말 사랑해

그러다 드디어, 부산 일신 산부인과에서 첫딸 정은이가 태어나고, 둘째 딸 정현이도 일신 산부인과에서 태어났다. 감사하게도 두 딸을 순산하여 건강하게 출산했다.

소중한 내 딸들, 엄마, 아빠 만나러 이 세상에 왔구나. 우리 아가들 어서 와, 어서 와. 환영하고 축복하고 사랑해.

시어머님은 아기가 아기를 낳았다고 웃으셨다. 첫딸을 목욕시키는데, 어머님은 아기가 너무 작아서 무서워서 못 도와주신단다. 나 혼자 요리조리 꼼꼼히, 그리고 천천히 침착하게 잘 씻겼더니 어머님은 지 자식이라고 목욕도 잘도 시킨다고 웃으시며 말씀하셨다.

딸아이와 함께 시장에 갔다가 집에 올 때면 딸은 업어달라고 투정하면서 걸음을 멈추고 저만치서 오지 않기도 했다. 그럴 때면 나는 모른척하고 앞으로 걷다가, 살며시 뒤를 돌아보았다. 돌아보면 딸과 눈이 마주친다. 우리는 찡긋 웃는다. 딸은 곧 체념하고 나를 따라온다. 엄마와 딸, 둘이 밀고 당기던 이 때가 지금 생각해도 귀엽고 재미있었다.

어머님은 형님들에게 종종 나의 행동을 이야기하셨는데, 큰형님은 "엄마, 어린 것이 잘하고 있는데, 잔소리 그만 해요."라고 해주셨다. 그러면 어머님은 "니는 내 편이니, 쟈 편이니." 하셨다. 작은형님은 항상 어머님 편에서 이야기하셨고, 큰형님은 내 편에서 이야기해 주셨다. 그래도 내 편이 있으니 얼마나 다행인가 생각했다.

시어머님이 하루는 동서 댁에 가셔서 하룻밤 주무시고 오신다고 했다. 나는 잠시 해방감에 깜빡 낮잠이 들었고, 잠이 든 내 옆에서 딸이 장난감을 가지고 놀고 있었는데 갑자기 어머님이 돌아오셨다.

나는 당황하고 실망했다. 하룻밤이라도 주무시고 오시지, 하는 생각이 들었다. 생각 없이 하루하루 어머니와 함께하는 시간이었지만, 나도 혼자만의 쉼이 필요했던 것 같다.

어머니는 들어오시면서 하시는 말씀이 "네가 해 주는 밥이 제일 맛있고, 네가 편하다. 여기가 내 집이다, 여기가 내 집이야." 하시면서 다시는 큰 집에 안 가신다고 했다.

어머님은 나에게 불만이 하나 있었는데, 바로 아들을 낳지 못했다는 것이었다. 시집을 왔으면 아들을 낳아주어야지, 아들을 못 낳는다며 나를 타박하곤 하셨다. 나도 은근히 아들을 낳고 싶은 마음이 있긴 했다. 남자아이 신발이나 옷을 보면 신기하게 보이기도 하고, 사고 싶은 충동이 생기기도 했다. 당시는 '아들딸 구별 말고 둘만 낳아 잘 기르자'라는 구호를 외칠 때이지만, 그래도 셋째를 낳는다면 아들이었으면 했다.

그러던 중 나는 드디어 셋째를 임신하게 되었다. 출산 한 달 전에 하혈하는 통에 입원하여 출산 때까지 병원에 있었다. 셋째는 바라고 바라던 아들이었다. 내 아들이 가족을 만나러 이 세상에 왔다. 우리 아들! 어서와, 어서 와. 환영하고, 축복하고, 사랑해!

어머님은 귀한 아들이라며 무척 좋아하셨고, 나도 아들을 낳은 것이 신기하기도 했고 좋았다. 너무 좋았다. 어머님은 '우리 병수, 우리 병수'하시면서 손자를 안아주고 쓰다듬으면서 많이도 사랑해 주셨다. 어머님은 남편이 사다 주는 간식을 장롱 속에 모아두었다가 딸들에게 나누어 주셨고, 딸들도 예뻐하셨다.

옆집, 교회 다니는 사람들이 부러워

명절이 되면 모든 가족이 우리 집으로 왔기에, 나는 음식 준비에 항상 분주했다. 그때 형님네가 자녀들과 함께 단장하고 와서 어머님께 용돈을 드리는 모습이 멋있어 보였다. 그런데, 교회에 다니는 옆집을 보니, 식구들이 좋아하는 음식을 간단히 해서 먹는다고 했다. 그것도 멋있어 보였다. 친정엄마가 명절 음식을 많이 하시는 것을 보았기에 음식 하는 것이 힘들지는 않았지만, 우리도 음식을 간단히 했으면 좋겠다는 생각이 들었다.

그리고 나도 차츰 교회에 다니게 되었다. 새로운 사람들도 만나고, 찬양도 배웠다. 하나님이 어떤 분인지 알게 되었고, 쉽지 않은 시집살이에 위로도 받았다.

그러던 어느 날, 어머님은 시누 댁에 놀러 가신다고 하셨다. 외출을 거의 하지 않는 분이셨는데, 그날따라 며칠 있다가 오신다고 했다. 나는 가셨다가 금방 또 오시겠지, 생각했었지만, 이번에는 오시지 않았다. 그리고 이틀이나 지났을까, 어머니가 시누들과 화투 놀이를 하다가 갑자기 머리가 아프다며 병원에 입원하셨고, 지금은 퇴원하셔서 큰집에 계신다는 연락을 받았다.

이튿날 아들을 업고 큰집에 갔는데, 아무도 없고 어머니 혼자 누워계셨다. 나는 어머니, 하고 부르면서 곁으로 다가갔다. 어머니는 내 손을 꼭 잡고 가쁘게 숨을 몰아쉬더니, 숨을 거두셨다. 너무 놀라고 무서웠다. 사람이 숨을 거두는 모습을 그때 처음 보았다.

오랜 세월 어머니와 함께 해온 시간이 쌓이고 쌓여서 미운 정 고운 정이 다 들었나 보다. 어머니와 이미 정이 듬뿍 들어 있었다. 어머니도 내가 해드리는 밥이 맛있다고 하셨고, 내가 제일 편하다고 하셨으니, 정을 듬뿍듬뿍 담고 가셨으리라고 믿는다.

어머님이 김치, 오이나물, 비빔국수를 만들어 주셨을 때는 나도 맛있게 먹었다. 특히 가자미식해는 별미였는데, 지금도 가끔 어머님께 배운 가자미식해를 아이들과 함께 만들어 먹는다.

오늘날 내가 홀로서기 하는 데에는 어머니와 함께한 세월이 크게 도움이 되었다고 생각한다. 늙은 여자, 젊은 여자의 세대 차이는 있었지만, 긴 시간 속에서 우리도 모르게 그렇게 정이 들었나 보다.

이후로 한동안 남편과 아이들과 함께 살았다.

남편은 딸을 데리고 외출하고 올 때는 우리 정은이가 인사도 잘하고, 말도 공손하게 잘하여서 잘 키웠다고 칭찬을 받으니, 기분이 좋다고 하였다.

나에겐 "나 말고 다른 사람 만났으면 더 잘살 수 있었을 텐데, 나 만나서 고생이 많네."라고 가끔 말하곤 했다.

남편은 아들에게 하고 싶은 것은 다 해 줄 것이라고 습관처럼 이야기를 하였는데, 아마도 남편은 아버지의 사랑이 그리웠나보다라고 나는 생각했다. 그렇게 세 아이를 아끼고 사랑했던 남편이었다.

어느 날, 남편의 직장인 시청 사무실에서 연락이 왔는데, 남편이 병원에 있다는 것이었다. 평소 혈압이 높았던 남편은, 혈압으로 입원한 것이 이번이 세 번째였다. 그런데, 이번엔 의식이 전혀 없었다. 속이 타들어 가는 열흘을 보낸 후, 남편은 세상을 떠났다.

무책임한 사람. 나는 할 말이 많은데. 세 아이를 두고 어디로 간단 말인가. 막내는 아직 다섯 살 아기이고, 딸아이도 4학년, 5학년 아기들인데 나는 어떡하라고.

양산 석계 공원묘지에 다녀와서 아이들과 집에 있는데, 왜 그리도 무서웠을까. 해가 지면 더욱 무서워 거실에도 나갈 수가 없었고, 요강을 방에 두고 문을 꼭 잠그고 있다가, 해가 떠야 겨우 방에서 나올 수가 있었다. 남편이 금방이라도 문을 열고 아이들의 이름을 부르면서 들어올 것 같은데, 며칠이 지나도 오질 않았다. 미처 치우지 못한, 거실에 있는 남편의 겉옷을 큰딸이 만지작거리는 것을 보고 마음이 무너졌다. 남편은, 정말이지 못 오는 것인가.

얼마나 지났을까. 함께 교회에 다니던 집사님께서 당신의 옷 가게에 와서 함께 일하자고 하시면서, 집에만 있으면 힘이 더 없어지니, 아이들 생각해서 힘을 내자며 용기를 주셨다.

고마운 집사님의 권유로 옷매장 일을 배우게 되었고, 시간이 지난 후 집사님께서 따로 매장을 운영해 보라고 하시면서 모르는 것은 가르쳐 주신다고 하셨다. 덕분에 매장을 운영하게 되었는데, 온전히 집사님의 도움으로 나는 홀로 설 수 있었다.

내가 일을 하게 되니, 친정 큰언니가 세 아이를 돌보아주셨지만, 아이들과 함께 있어 주지 못하는 엄마의 미안한 마음은 항상 아쉬움으로 남아 있다.

어느 날은 유치원에 다니던 아들이 내게 물었다. "엄마! 친구들이 우리 아빠 돌아가셨다고 하는데, 돌아가신 게 뭐야?" 가슴이 철렁 내려앉았다. 가슴이 찡했다.

"으응, 돌아가신 것은 아빠가 우리보다 하늘나라에 먼저 가셔서 우리를 기다리고 있다는 이야기야. 그러니까 우리도 다음에 하늘나라 가서 아빠 만날 수 있는 거란다."

아이들이 자라고, 가족들이 의논하여 서울로 이사하기로 마음을 모았다. 당시 내가 하는 일이 일주일에 2, 3번 정도는 서울을 오가야 하는 일이었기 때문에, 이사에 대한 두려움은 없었다. 딸들은 다 큰 어른처럼 나와 의논도 하고, 양재동에 집도 구하고, 이사를 준비했다. 든든하고 착한 딸들이었다.

그렇게 2001년, 부산에서 서울 양재동으로 이사를 하게 되었다. 마침 사랑의교회에서 사랑부 교사를 모집 중이었기에, 사랑부 교사를 해야겠다고 마음먹고 사랑의교회에 등록했다. 교사 교육도 받았다. 전에 봉사하면서 장애가 있는 아이들을 보았고, 그 아이들을 위해 봉사를 해야겠다고 생각했기 때문이었다.

사랑의교회에 다니며 아들은 신학 공부를 하기로 마음먹었고, 마음 고운 여자 친구를 만나 결혼도 하게 되었다. 마음이 분주하다. 함께 의논할 수 있는 남편이 있었으면 좋으련만!

병수 아버지! 우리 장남이 결혼합니다. 우리 장남이 목사 안수를 받습니다. 우리 장남이 목사님이 되었습니다!

하나님 아버지! 감사합니다. 고맙습니다!

아직 완성되지 않아 더 기대되는 나

초등학교 다닐 적엔 판사가 되겠다고 생각한 적이 있다. 아버지와 영화를 보았는데, 영화 속 여주인공이 여자 판사였고, 너무나 멋져 보였다. 그래서 여자 판사가 되겠다고 생각했었다. 나중에 결혼하여 자녀를 낳고서도 법률책을 사서 공부하기도 했다. 법률용어가 어렵기도 했지만, 그래도 흥미 있었다. 대학에서 법학을 공부했으면 좋았을 텐데, 여러 상황으로 인해 공부하지 못한 것이 아쉬움으로 남는다. 그래서인지 검정고시에도 합격했건만, 배움에 대한 목마름으로 나는 지금도 공부에서 손을 놓지 못하고 항상 현재진행형인 학생이다.

지금도 내겐 꿈이 있다. 아는 미용실 원장님의 추천으로 참여한, 주부 대상 미인대회에서 운 좋게 수상하고, 이후로 연기도 배우고, 노래 공부를 해서 음반도 냈다. 현재는 가수로 활동하고 있다. 그리고 앞으로는 더 재미있고, 의미 있는 일들이 많아질 것이라고 기대한다. 내 목소리로 여러 사람에게 선물을 하고 싶다는 생각도 있다. 이제는 좋은 찬송가도 부르면서 더욱 의미 있게 살고 싶다.

지나온 날들을 생각하면 어려운 일도 많았고 억울한 일도 때로는 있었다. 하지만 나는 내 '최초의 기억'을 잊지 않았다. 어린아이라 생각도 짧고, 조절도 잘 못해서 저지른 실수는 가족들이 언제든 달려나와 안아주던 기억, 나를 씻기고 가족들의 품에 안아주던 기억을 말이다. 그래서 어려운 일이 닥쳐와도 쉽게 좌절하지도 않았고, 항상 즐겁게, 최선을 다해 열심히 살 수 있었다.

나는 예수님께서 나를, 우리 가족을 불쌍히 여기셔서 구원해 주신 것이라고 믿는다. 지옥행 인생이 천국행 인생으로 인도함을 받았으니, 이보다 더 큰 선물이 어디 있을까. 주님을 만나 행복하고 항상 할렐루야다.

나는 아버지의 출근과 퇴근을 여전히 기억한다. 아버지는 출근하시면서, 그러니까 나를 잠시 홀로 두시면서 항상 내게 '하루치 간식값'을 주고 가셨다. 나는 아버지가 주신 돈을 지혜롭게 잘 나누어 쓰면서 아버지의 퇴근을 기다렸다.

사람의 생애도 비슷한 것 같다. 우리 영혼의 아버지이신 하나님은 우리가 쓸 것을 적당히 나누어 주시고 잠시 우리의 인생을 스스로 개척해 나갈 기회를 주신다. 물론 아버지의 집 안에서 우리는 보호받지만, 선물 받은 시간은 우리가 자유롭게, 또한 책임 지고 일구어 나가야 한다.

그리고 아버지가 퇴근하여 집으로 돌아오면, 아니지, 우리가 때가 되어 주님을 뵈면, 주님은 선물을 한가득 들고 나를 기다리고 계실 것이다. 나는 다시 어린아이가 되어 그 주님의 목을 끌어안으며 기뻐할 것이다. 아버지가 '우리 미소, 종일 나를 기다렸지? 심심하진 않았니? 힘든 일은 없었고?' 물어보시면, 나는 그제야 활짝 웃으며, 하루의 기다림은 싹 잊은 채, 아버지와 모든 가족과 함께 진짜 축제를 누릴 것이다.

그래서, 믿는 사람의 삶에는 지옥이 있을 수가 없다. 낙원 같은 축제를 기다리거나 축제 그 자체의 삶을 사는 것이다.

잠시 험난하고 아파도, 우리는 '결과적으로 천국'에 살고 있는 것이니까 말이다.

나의 행복 비결

이윤실

내가 살던 동네는 사당동 산동네였다. 흙이 많고 습기가 많고 이리저리 음식물 쓰레기도 많던 그런 동네. 지금은 상상할 수도 없는 재래식 화장실은 '변소'라고 불렸고, 동네에는 찍찍거리며 날뛰는 쥐도 많고, 어슬렁어슬렁 돌아다니는 개도 많았다.

밖에만 찍찍거리며 쥐가 돌아다닌 건 아니었다. 아무도 초대하지 않았건만 문을 두드리며 안쪽으로 팔을 뻗어 불을 켜기 전에는 들어갈 수도 없었던 재래식 부엌, 내가 먼저 결코 발을 내디딜 수 없던 앞마당, 온갖 장소에서 그 반짝이는 눈과 마주치는 게 일상이었다. 그 설치류는 결코 반갑지 않았다. 그저 공포의 대상이었다.

그때의 엄마는 이 무례한 설치류를 무서워하지 않았다. 앞마당에서 대문 밖까지 이어진 하수도에서 쥐를 몰아 가마니에 쥐를 넣고 이쪽으로 한번 저쪽으로 한번 무섭고도 간결하게 쳐서 죽였다.

멀리서 지켜보는 엄마의 모습은 공포스러운 설치류와 맞서는 무서운 괴물이 아닌, 엄마만이 할 수 있는, 당신이 해야만 하는 일을 하는 영웅의 모습이었다.

그런 엄마를 보고 자란 지금의 나도 옛날의 기억 때문인지 쥐는 좀 무섭지만 벌레는 잘 잡는다. 송충이, 바퀴벌레도 잘 잡는다. 도구가 없으면 그냥 맨손이라도 쓴다.

특히 가족들을 위해서는 더욱 그렇다. 내 딸이 자취하던 오피스텔에 바퀴벌레가 이리저리 뛰어다닐 때, 신랑도 못 잡고 우리 딸은 무서워 벌벌 떨었던 그때, 내가 다 잡아 주었다. 잡을 슬리퍼가 없어도 내리칠 책이 없어도 그냥 다 쓸어 버렸다.

내가 지금 잡지 않으면 딸이 혼자 있을 때 이 녀석이 다시 나타날 수도 있는 게 아닌가. 무서워하는 딸의 모습을 보면, 맨손으로 바퀴벌레도 잡을 수 있는 게 엄마 마음이었다. 그렇게 어렸을 적 멀리서 지켜보던 영웅의 모습이 내게도 나타난 것 같다.

그래, 나도 우리 딸에게는 영웅일 거야.

나도 어린 시절의 내 엄마를 영웅으로 생각하고 있지. 이걸 생각하며 바퀴벌레를 잡는 지금 이 순간은, 아주 행복한 순간이다.

내가 나여서 행복하다

나는 내가 사랑받았던 순간순간을 잘 기억한다. 쉽게 지나갈 수 있는 것들도 있고, 인상적인 것도 있지만 어쨌든 나는 모든 사랑받은 경험을 다 소중하게 간직하고 있다. 기분 나빴던 순간도 물론 있지만, 굳이 기억하지 않는다. 어릴 적부터 긍정적인 순간이 내게 잘 흡수되었다. 이런 성향은 환경 덕이기도 하고, 또한 내 천성의 영향도 있을 것이다.

나는 이 책에서 평소처럼 재잘재잘 내가 행복한 이유를 늘어놓으려고 한다. 함께 이야기를 나누며, 내가 언제나 만족하고, 행복하게 사는 비결을 내 자손, 그리고 내 이웃과 함께 나누고 싶다.

그 시절, 우리 남매는 육 남매였다. 할머니도 모시고 살았다. 그 육 남매 중 딸이 다섯, 아들이 하나였다. 지금이야 딸이고 아들이고 모두 다 사랑을 받지만, 내가 성장했던 7~80년대에는 아들이 우선이었다. 특히 우리 집처럼 아들이 귀하고 할머니가 계신 경우는 더욱 그랬다. 이런 딸 부잣집에서 딸이 귀여움을 받기란 정말로 어려웠다.

하지만 난 셋째 딸이고, 밑에 넷째가 아들이다. 예전에는 이럴 때 '네가 자리를 잘 닦아놓고 나와서 아들을 봤다'라고 했다. 물론 내가 특별히 무엇을 한 것은 아니지만, 남동생을 본 나는 호랑이 할머니의 사랑을 받았다. 그 아들 밑으로 두 명의 자매가 더 있다. 할머니의 성화에 못 이겨 부모님이 둘을 더 낳았지만, 둘은 모두 딸이었던 것이다. 그러니 더더욱 할머니의 사랑은 아들 다음으로 나에게 쏟아졌다.

사당동 산동네 육 남매 집의 자녀들은 학원이라는 걸 다니기 쉽지 않았다. 그러다 첫째 언니는 상업계 고등학교라 주산과 부기 학원에 다녔고, 남동생은 소심해서 엄마가 웅변학원에 보내주었다. 큰 언니는 학교 다니며 취업하기 위해 어쩔 수 없이 다닌 것이고, 남동생을 제외하면 학원 수강생은 나뿐이었다. 그것도 피아노였다. 우리 집 형편에, 그 시대에, 취미를 위한 예체능 학원은 엄청난 혜택이었다. 그 혜택이 왜 나에게 떨어졌는지 모르지만 어쨌든 그랬다. 그것도 꽤 오랫동안 학원에 다녔고, 아빠가 중고지만 피아노도 집에 들여놓아 주셨다.

우리 육 남매 중 생일상을 받아본 사람도 남동생과 나뿐이다. 그때 그 어렵던 시절에도 나는 생일 파티라는 것을 몇 번 했었다. 물론 우리 할머니 생신 바로 다음 날이 내 생일이었던 덕도 있지만, 당시 나에겐 너무나도 큰 혜택으로 느껴졌다. 그만큼 나는 사랑 받는 존재라는 생각이 들었다.

　이런 사랑이 나의 성격을 만들었는지 아니면 내 성격이 그런 사랑을 만들었는지는 나도 모른다. 닭이 먼저냐, 달걀이 먼저냐지만 어쨌든 중요한 건 내가 많은 사랑을 받았다는 점이다.

　고마운 사람들은 밖에도 있었다.

　난 딸 부잣집의 셋째 딸이었다. 이 타이틀에 맞는 깜찍한 외모 덕에 이모네 큰 언니가 나를 무척 예뻐했다. 우리 집은 산동네에서 좀 어렵게 살았지만, 큰이모 집은 강남 한복판에 있는 이층집이었다. 그 언니는 친구들과 함께할 때도 나를 데리고 다녔다. 맛있는 것도 많이 사주고, 인형과 옷도 사주었다. 언니들이 귀엽다, 귀엽다, 하는 소리를 들으며 나는 내가 사랑받고 있고, 귀여움 받는다고 생각하였다. 즐거웠다.

　아빠가 시청 앞쪽에서 양복점을 하셨는데, 양복점 옆 다방 '미스리' 언니가 노처녀였다. 그 언니도 내가 아빠를 보러 나가면 항상 우유를 주고 화장도 해 주고 엄청나게 예뻐했던 기억이 있다.

　중고등학교 때의 선생님, 특히 중학교 체육 선생님도 기억난다.

　나는 운동을 원체 잘 못한다. 특히 순발력을 요구하는 100m 달리기나 던지기는 최하였다. 너무 마르고 약해 보이던 내가 선생님 눈에 불쌍해 보였는지 결정적인 순간에 100m를 18초에 주파했다고 손목에 적어주셨다. 말도 안 되는 기록이었다. 원래의 실력은 22초였기 때문이다.

　나는 주변 사람들의 사랑을 받고, 그것을 있는 그대로 기뻐하고, 즐거워했다. 모든 것이 나에게 주는 '혜택'이라고 생각했다.

　내가 받은 특별한 혜택은 또 있었다. 어릴 때 집 앞에 있는 교회에 다녔는데 크리스마스 때와 여름성경학교 때 항상 인사말이라는 걸 내가 했다. 물론 작은 체구의 귀여움도 있었겠지만, 초등학교 3학년 때까지 거의 10년 가까이 내가 인사말을 했다. 그럴 때마다 많은 선물을 받을 수 있었다. 그런 나를 위해 한복을 사주셨던 부모님을 또한 나는 기억한다. 육남매 중 나만 한복을 입을 수 있었다.

이런저런 혜택들이 내게 자랑이 된다기보다는, '감사'와 '사랑의 확신'이 되어 나를 행복하게 해 준다. 자랑은 남에게 보여주어야 하는 것이기 때문에, 결국 '남이 있어야' 행복할 수 있다. 그건 좀 불완전하다. 계속 채워지지 않으면 갈증도 생긴다. 하지만 내가 사랑받는다는 확신은 굳이 남이 알아주지 않아도 나를 행복하게 만든다. 사소한 불편 쯤이야 금세 잊게 만든다. 나는 이미 충분하고, 충만하기 때문이다.

여행 가서도 그렇다. 요즘 여행 가면 은퇴한 연예인이 아니냐는 소리도 듣는다. 딸이랑 같이 여행 가면 자매인 줄 알았다고들 한다. 이런 말을 들으면 그렇게 말해주는 사람들의 배려와 호의에 즐겁다.

하여튼, 나는 가난할 때도, 비교적 넉넉한 요즘도 항상 행복하고, 항상 사랑받는다고 믿는다. 물론 나에게도 마음 상하는 일이 가끔은 생긴다. 하지만 그걸 굳이 애써서 기억하지는 않는다. 초긍정적인 성격으로 좋은 것은 좋은 기억으로 간직하고, 좋지 않은 것은 금방 잊어버리는 선택적 기억 상실로, 언제나 행복한 시절을 사는 내가 좋다.

너무 정성스럽게 살지 않아 자랑스럽다

'뭐야 오늘도 또 가져왔어? 일찍도 왔네. 어제는 늦어서 선생님한테 꾸중 들었는데, 오늘은 교문이 열리기도 전에 왔어? 아이구, 정성이네.'

지음이(가명)를 보면 신기했다. 나는 저렇게 막연한 대상에게 정성을 쏟아본 적이 없었기 때문이었다.

지음이는 이번에는 2반 친구에게 꽃과 선물 공세를 퍼부었다. 얼마 전까지만 해도 수학 선생님께 정성이더니 이젠 저 친구다. 편지도 정성껏 쓰고, 어느 날은 과자도 만들었나 보다. 마니또 게임도 아닌데 화요일 아침만 되면 일찍 등교하고, 이것저것 많이도 챙긴다.

주변인뿐만 아니었다. 연예인에게도 적극적인 공세를 퍼부었다. 지음이는 누구누구의 콘서트가 언제다, 그 사람이 언제 어느 방송국에서 공개 방송을 한다는 등의 정보를 알뜰히 챙겨 꼭꼭 보러 갔다. 학교가 여의도랑 가까워, 방과 후 수업을 빼먹고라도 생방송을 보러 가는 것을 종종 보곤 했다. 선생님께는 배 아프다, 생리통이 심하다고 거짓말을 하면서도 그렇게 찾아갔다.

내 머리론 이해가 안 됐다. 물론 나도 좋아하던 연예인은 있었다. 신승훈 노래가 흘러나오면 길 가다가 서서 듣기도 하고, 서태지와 아이들이 TV에 나오면 밥 먹다가도 TV 앞으로 가서 보곤 했다. 그러나 거기까지였다. 더 이상의 행동은 하지 않았다.

학창 시절에 선생님을 넋 놓고 좋아해 본 기억도 없다. 가수나 탤런트를 막무가내로 동경해 본 기억도 없다. 난 일상이 즐겁고, 멀리 있는 것보다 내 주변 가까이에 있는 것들이 월등히 더 소중했기 때문이었다.

내가 그렇게 살아왔다고 아이들에게 그걸 주입하려 들지는 않았다. 그러나 아이들도 나와 비슷한 생각을 가지고 사는 것 같다. 둘 있는 남자아이들은 선생님, 연예인을 특별히 좋아하지 않고 심지어 여자 친구도 사귀어 보지 않았다. 하나 있는 딸은 밴드를 좋아해 콘서트를 보러 춘천까지 가기도 하지만 그것도 거기까지. 그 밴드의 굿즈가 너무 비싸다면 과감히 포기할 줄도 안다. 당연히, 그 사무실을 찾아간다거나 집을 찾아가는 과도하게 열광적인 행동은 하지 않는다.

학생 때의 나는 어떤 것에도 과하게 집착하지 않았던 것 같다. 스타나 선생님뿐 아니라 어떤 상황에서도 그랬다. 할 수 있는 것, 할 수 없는 것에 관한 판단이 빨랐고, 할 수 없다고 생각하면 포기도 빨랐다. 그렇다고 뭐든 하지 않는 건 아니었지만, 어디든 집착하지 않고, 포기해야 할 때 포기할 수 있는 그런 성격이었다.

지금 생각해 보면 어렸을 때의 나는 무언가에 빠질만한 열정이 없었다는 생각도 들고, 그래서 그만큼 치열하게 살지도 않았다는 생각도 든다. 그때의 내가 무언가에 빠져서 더 열심히 살았다면 지금은 더 높은 지위의 삶을 살지 않았을까, 하는 생각이 들기도 한다.

그러나 그게 무슨 의미가 있을까. 내가 지금보다 더 학벌이 좋다고, 좋은 직업을 가졌다고, 돈이 더 많다고 내가 더 행복할 수 있었을까?

아니다. 그건 아닌 것 같다.

그때 그만큼 집착하지 않아서, 언제나 내 현재 상황에 만족할 수 있어서 난 항상 행복했다. 행복은 습관이 되어 지금도 나는 항상 행복하다. 미래의 불확실한 약속을 위해 현재를 희생하기보다는 그때그때 최선을 다하며 만족했다. 그래서 지금도 작은 일에 잘 만족할 줄 안다.

나는 앞으로도 그럴 것 같다. 아이들이 일류 대학을 나오지는 않았지만, 내 신랑이 재벌가의 막내아들은 아니지만, 내가 전국적으로 유명한 셀럽은 아니지만 나는 여전히 행복하고 만족스럽다. 적당한 대학을 나와서, 사고 싶은 것을 적당히 살 수 있고, 강남에 고급 주택을 가지고 있지 않지만, 현재의 삶을 사는 내가 언제나 자랑스럽다.

엄마 덕에 더 행복합니다

우리 형제들은 육 남매다. 엄마가 여섯 명을 낳으신 거다.

첫째는 첫째니까 살짝 어렵게 낳으시고, 둘째 언니 낳으실 때는 진통도 너무 오래 하고 그 탓인지 탯줄이 나오지 않아 옆집 사는 언니가 조산원을 불러와서 간신히 목숨을 유지했다고 한다.

셋째인 나는 수월하게 나와 엄마가 아주 좋아하셨다. 엄마는 점심에 수제비를 해 드시고 바로 나왔다고, 출산을 수월하게 해서인지 키우는 내내, 그리고 결혼한 후에도 내가 사는 게 수월하다고 항상 칭찬하신다. 이렇게 별거 아닌 것으로도 항상 칭찬해 주신 엄마다.

중학교 때던가. 엄마가 도시락을 열심히 싸주셨던 기억이 있다. 육 남매의 소풍 도시락을 싸느라 엄마는 새벽부터 일찍 일어나 백 줄은 싸는 듯했다. 엄마와 함께 김밥을 싸고 도시락을 쌀 때, 옆에서 단무지나 햄을 김밥 사이에 끼웠다. 이게 좋은 기억으로 남았다.

중학교 때 도시락을 일부러 안 가지고 가면 엄마가 점심시간에 맞추어 도시락을 가져 왔다. 요구르트와 쵸코파이와 함께 말이다. 그게 왜 그렇게 맛있었을까. 일부러 도시락을 가져가지 않은 적도 몇 번 있었다. 지금의 나는 예전의 내 엄마처럼 하지 못해 내 아이들에게 미안함이 있지만, 내 엄마는 내게 미안하다고, 항상 미안하다고 말해서 안쓰럽다.

세탁기가 없었을 때 엄마가 빨랫감을 정말 산처럼 쌓아 놓고 빨래했던 것, 목욕탕 관리한다고 고생하시다가 지금은 허리가 구부러져 잘 걷지 못하시는 그런 것, 모두 마음이 아프다. 그런데도 지금도 항상 미안하다고 말하는 우리 엄마가 안쓰럽다.

엄마에 비해 내 결혼생활은 훨씬 순탄한 편이었다. 물론, 이건 내가 '순탄하게' 보아서 더욱 순탄한 것이다.

나는 연애 1년 만에 결혼했다. 아무것도 모르고 결혼했었는데 신랑은 삼 남매 중 막내였다. 큰누나, 형, 그리고 우리 신랑. 우리 신랑은 막내인데도 시댁 관련 많은 일을 하게 되어, 나도 덩달아 시댁 일을 많이 하게 되었다. 특히 나는 시부모님과 같은 아파트, 같은 동에 살면서 자주 왕래하고, 내내 이것저것 챙기려고 노력하면서도, 특별히 힘들다고 생각해 본 적은 없다.

결혼 초에는 1년에 제사가 6번이었고, 추석, 설, 명절까지 한 해 제사가 8번이었다. 거기에 어머님과 아버님 생신을 챙겨야 했다.

많으면 많고, 누군가에게는 적다는 시댁 일이었지만, 그때 아니면 친척을 만날 수 없다는 생각으로 즐겼던 것 같다. 힘든 것만 생각하면 항상 힘들다. 하지만, 장점을 생각하면 수월하게 넘어갈 수 있다.

거기에 아이 셋 생일, 신랑 생일, 초복 중복 말복에 보름까지 특별한 날을 챙기는 것은 내 일이 되었다. 물론 제사와 명절을 제외한 날은 내가 챙겨야지, 생각해서 자발적으로 챙기고 있다. 그래도 좋은 게 좋다고 우리나라 절기에 맞게, 그때 꼭 먹어야 하는 음식은 먹어야 한다고 생각하는 나였기에 더욱 그랬다.

세 아이들 일곱 살 때까지 수수팥떡을 손수 만들어 주었고, 이것은 시부모님께 내 자랑이 되기도 했다. 만들어서 가져다드리면 많은 칭찬이 따라왔고, 그것이 나의 힘이 되기도 했다.

신랑의 생일에도 위층에 계신 시부모님이 내려오셔서 꼭 함께 식사했고, 지금도 무슨 일이 있어도 나의 생일 선물은 손수 차린 생일상이다. 초복, 중복, 말복 때에는 요리도 해서 많은 자랑을 했다. 초복엔 삼계탕, 중복엔 찜닭, 말복엔 전복밥과 김치찜. 이것도 물론 시부모님께 가져다드리고, 신랑과 시부모님께 자랑했다.

몇 년 전까지는 보름에도 어머님이 해 주신 걸 얻어먹었지만, 7~8년 전부터는 내가 손수 만들어서 어머님께 가져다드렸다. 작년에 처음으로 친정엄마에게 가져다드렸는데, 엄마가 너무 고맙다고 하셨다. 올해도 가져다 드렸더니 정말이지 좋아하셨다. 그래서 올해는 처음으로 엄마 생신 때 미역국을 끓여 드릴 생각이다. 시부모님 생신 미역국은 30년 가까이 끓였는데, 엄마와 아빠 미역국은 끓였던 기억이 없다. 물론 생신을 잊고 지나거나 그런 건 아니지만 돈과 선물로만 했던 것이다. 이젠 내 몸과 마음으로 정성을 쏟아 엄마 미역국을 끓여 드리고 싶다.

내 행복의 비결은 어느 정도는 엄마에게서 배운 것 같다. 사랑하는 육남매를 위해 한껏 일하시고 손수 정성을 쏟으시던 우리 엄마. 그 엄마를 보고 자란 나는, 자잘한 시댁 일과 집안일을 힘들게만 보지 않는다. 가족을 위한 즐거운 이벤트처럼 생각한다.

그런 나를 칭찬해 주고, 사랑해 주는 가족들 덕에 나는 더욱 행복하다.

남을 있는 그대로 받아들이면 내 행복은 두 배

지하 주차장 차 안.

"두 시간만 있다가 올라가자. 두 시간만 있으면 시간이 좋아."

"알았어."

2000년. 산부인과 지하 주차장, 신랑과 나의 대화였다.

그로부터 두 시간 후 우리는 병원으로 올라갔고, 올라간 지 10분도 안 되어 둘째 희진이가 태어났다. 의사 파업 중이던 산부인과 병원에서, 우리를 기다리던 선생님이 헐레벌떡 아이를 받은 것이다. 아이는 병원에 올라온 지 5분 만에 나왔고, 우리 딸에게 사주 상 좋은 시간을 선물해 줄

수 있었다. 물론 사주를 믿는 것은 아니지만, 좋은 게 좋은 거라고 가족들이 원하니 나도 불만 없이 거기에 맞추려고 노력하였다.

심지어 예정일보다 빨리 나와야 좋다고 해서, 동네를 한 바퀴, 두 바퀴 걷고, 집에서도 러닝 머신을 탔었다. 그래서 예정일보다 사흘을 앞당겨서 아이를 낳았다.

남편의 개성, 시부모님들의 개성, 새로 만나는 이웃과 모든 친척의 개성. 그 모든 것들은 나에게 맞추어져야 하는 것이 아니다. 내가 남에게 맞출 수 없이 나 자신으로 살아야 하는 것처럼, 내 가족들도 있는 그대로의 자기 자신으로 살아야 한다. 그래서 그냥 있는 그대로 받아들이고 인정하였다. 있는 그대로 사랑하면서 가족들을 위해 노력하였다. 가족들이 나를 사랑하고 칭찬하는 것처럼, 그들이 내게 좋은 가족이 되어준 것처럼, 나도 가족들의 조언을 잘 받아들이고, 그들을 위해 최선을 다했다.

이렇게 아이를 출산하는 방식도 남편과 시댁의 조언을 따랐지만, 별 불만 없이 나도 힘을 쏟았다. 그렇게 앞당겨서 낳았어도 몇 번의 진통 없이 순산하였다.

이 '인정하기'는 나만 실천한 것이 아니다.

난 결혼하기 전에는 여행을 거의 못 다녔다.

대학교 1학년 때의 일이었다. 제주도에 살던 언니가 삼수해서 학교에 들어왔다. 그 언니를 중심으로 90학번들 10명이 어울려 다니게 되었다. 그러다 어느 방학 때에는 언니 집에 놀러 가자고 이야기가 나와서 엄청 신났었다.

그러나, 나만 빠지게 되었다. 우리 아빠가 여행 가지 못하게 하려고 핑계를 대었던 것이다. 생일 달이라 바다 넘어가면 안 된단다. 세상에. 몇 날 며칠을 울었던 기억이 있다.

시집가기 전엔 이렇게 여행에 관한 기억이 없다. 물론 고등학교 때의 수학여행, 대학교 신입생 때의 OT는 공식적인 거라 못 가게할 이유가 없었지만, 그렇게 공식적인 것을 제외하면 사적인 여행은 없었다.

나는 결혼한 후에 많이 좋아졌다. 우선 금전적으로 많이 넉넉해졌다. 그게 중요한 이유긴 하지만 더 큰 이유는 외부 활동을 좋아하고, 여행을 좋아하는 나를 신랑이 너른 마음으로 인정해 준 것이다. 덕분에 여행을 많이도 다녔다.

아이들이 어릴 때는 아이들과 함께 미국에 단기 유학도 해 보았고, 아이들이 장성하여 나랑 움직이지 않는 요즘은, 아무 걱정 없이 혼자서 여행을 다닌다. 일 년에 최소 3번 이상은 해외여행을 다녔고, 막내딸이 대학 들어간 이후에는 한 달 건너 한번 해외여행을 가고 있다. 친구들과, 언니들과 가족 여행까지 즐거운 마음으로.

이렇게 여행을 자주 다니는 엄마를, 아내를 있는 그대로 인정해 주는 우리 가족 덕에 나는 오늘도 행복하다.

아직도, 조금씩 성장한다

어릴 적부터 여러 특혜를 받으며 커서인지, 사랑을 받고 자라서인지, 나는 남을 챙겨주는 게 어색하다.

초등학교 때쯤이라 기억하는데, 집이 산동네라 학교까지 가는 길이 그렇게 쉽지는 않았다. 지금이야 아파트 단지 내에 학교가 있는 게 당연하지만, 내가 학교 다닐 때는 2~30분 거리가 당연하였다.

날씨 좋은 날이면 그깟 20~30분쯤이야 얼마든지 즐겁게 걸을 수 있었지만, 겨울에 눈이 온 다음 날은 다니기가 힘들었다. 나와 내 동생이 함께 학교에 가곤 했는데, 내가 누나임에도 내 동생은 나의 학교 가는 길을 안내했다. 자주 부딪치고, 넘어지는 게 일상이던 내 행동이 동생에게도 불안했나 보다.

내겐 언니가 둘이고 밑에는 남동생, 그리고 그 밑에 나이 차이가 있는 여동생 둘이 있다. 나는 언니들이 챙겨주고, 남동생이 챙겨주고, 나이 차이 많은 여동생은 언니들이 챙겨주었다. 그래서 지금까지도 친정 일은 큰언니와 작은 언니가 다 하고, 남동생은 본인이 알아서, 그리고 뒤에 동생들도 서로 알아서 하는 분위기다. 그렇게 자랐고, 결혼을 일찍 해서 지금도 만나는 사람들이 나보다 나이가 많은 경우가 많다.

그런 사이에서 내가 배려하고 챙기는 일은 쉽지 않다. 그 반대의 경우가 더 많다. 항상 배려받고 사랑받는 삶이 나의 생활이라 생각된다. 이것도 항상 행복하고 즐거움의 한 부분이었다.

아이들도 그렇다. 내 자식들은 독립심이 강해 나에게 의지하지 않는 아이들이다.

큰아들이 유치원 버스를 너무 자연스럽게, 아무렇지도 않게 타던 기억이 난다. 그땐 뭔가 아쉬웠다. 그러나 당연한 것으로 느껴지기도 했다.

요즘은 아이들이 나를 무시하는 듯한 느낌이 들 때도 있다. 특히 큰아들에게 뭔가를 물어보면 좀처럼 설명해 주지 않는다. 예를 들면, 컴퓨터 용어가 나오면 대략적인 것만 알고 싶은데, 그걸 굳이 '알려 주면 아냐'라고 해서 울뻔하기도 했다. 그래도 작은아들이 설명해 준다. 이런 아이가 있으면 저런 아이도 있구나, 생각한다. 큰아들은 큰아들 나름대로 자기의 방식으로 나를 챙겨주고, 깊은 정을 표현할 때가 있다.

세 아이가 나보다 훌쩍 커버린 지금, 내가 아이들을 챙기는 게 아닌 세 아이의 보살핌을 받는 느낌이 받는다. 나는 행복한 사람이다.

그러나, 사람들을 대할 때 어릴 때와 지금은 확실히 차이가 있다.

어릴 때는, 미운 사람은 나에게 더 이상 사람이 아니었다. 그 사람이 눈앞에 보이지도 않고, 내 앞에 지나다녀도 그 사람은 나에겐 없는 사람이었다. 학생 때까지 그랬다.

대학교 졸업하고 결혼하고 아이 셋을 낳아 키우면서 그런 인간관계는 힘들었다. 내가 그 사람이 싫다고 해서 말하지 않을 수가 없고, 보지 않을 수 없고, 지나가는 사람이 될 수 없었다.

한번은 친하게 지내던 사람이 이유 없이 우리 모임에서 빠지겠단다. 그러고 나서 얼마 있다가 다시 합류한단다. 내 원래 성격 같아서는 그 사람이 인사해도 받지 않을 것이었다. 그래서 우리 신랑이 그러지 말라 달래고 어르고 할 것이다. 그러나 그 사람은 큰 애 친구 부모였기에, 못 이기는 척 인사를 주고받는 사이가 되었다. 이렇게 될 수도 있구나 하는 생각을 했고, 나도 조금씩은 변해가고 있다고 생각했다.

충만한 감사 덕에 목마르지 않다

어릴 때 둘째 언니가 말하길, 네가 제일 잘 살 거 같다고 했었다. 그러더니 진짜 내가 제일 마음 편히 살고 있다. 경제적, 정신적으로 말이다.

이것은 내 덕이라고 말하긴 어렵다. 나는 받은 '선물'을 누리고 있다는 생각이 든다. 나는 사람들에게, 신에게 선물을 많이 받았다. 신이 내게 복을 준 방식은 사람을 통해서이고, 또한 내 성격을 만족하기 쉬운, 모나지 않은 성격을 주신 것이 아닐까. 그 덕에 현실에 만족하고 즐기는 것 아닐까.

돌아보면 감사한 분들이 아주 많다.

넉넉하지 않지만, 최선을 다해 사랑해 주시고, 최선을 다해 키워주신 우리 부모님, 100%는 아니지만, 나에게 좋은 사람으로 다가온 내 신랑. 언제나 사랑스럽고, 자랑스러운 나의 아이들. 나를 항상 걱정해 주시고, 예뻐해 주시는 시부모님들. 어디서 만난 사람이건 나를 좋게, 예쁘게 봐주는 모든 사람들. 골프를 쳐도, 음식점에 가도 그래도 좋은 인상인 것 같아 좋다.

이런 감사는 소소한 즐거움 이상으로 충만한 기쁨을 내게 전해준다. 얕은 샘물은 가뭄에 마르지만, 깊은 강물은 가뭄에도 그 줄기가 마르지 않듯, 사랑 받는 자의 충만한 감사는 어떤 상황에서도 내게 기쁨과 행복을 느끼게 해 준다.

그렇게 많은 생을 살았다고는 이야기할 수 없지만, 내 나이 벌써 쉰이 넘었고, 큰아이는 스물일곱이다.

중고등학교 때, 대학 때는 과연 나에게 서른 살이라는 게 올까,라는 생각도 한 적이 있다. 그러나 지금은 그 서른을 훨씬 넘었고, 내 자식이 서른을 바라보고 있다.

큰 고난 없이 큰 어려움 없이 산 나의 인생. 물론 이런저런 슬픔도 있었겠고, 고통도 있었겠고, 아픔도 있었을 것이다. 그러나 나는 거기에 큰 의미를 두지 않았다. 어떤 어려움이 다가와도 그걸 가볍게 풀고 나가는 그런 길을 택했다.

누군가 말한 것 같다. 너에게는 정말 큰 아픔이 없어서 세상을 그렇게 살아갈 수 있었을 거라고. 물론 부정하지 않는다. 정말 큰 아픔이 있었던 사람에게는 그렇게 비칠 수도 있겠지.

그러나 작은 문제를 큰 문제로 인식하지 않고 나의 능력이 부족하다고 나 자신을 탓하지 않고, 이 문제를 벗어날 수 없으면 깨트리지 못한다면 돌아가는 길도 있다는 나의 성격, 또한 그 상황을 벗어나면 뒤돌아보고 후회하지 않았던 나의 성격도 지금의 나를 만드는데 한몫하지 않았을까 생각한다.

누군가는 그렇게 생각할지도 모른다. 그렇게 안일하게 살면 무슨 발전이 있겠냐고. 상위 1%가 되려면 무던히도 노력해야 한다고 말이다. 물론 그것도 맞는 말이다. 그러나 이 세상에서 누구나 다 리더가 되고, 누구나 다 1%의 삶에 들고 싶어 한다면, 그 시대가 발전할 수 있을까?

사회가 건강하게 발전하려면, 각자 자기 삶을 잘 살면 되는 것이다. 그 안에서 각자가 행복하면 된다. 너무 큰 꿈, 너무 높은 곳은 보지 말고, 눈 위 이마 정도만 보고 살면서 현실에 만족하며 살면 행복 지수는 높아질 수밖에 없다.

보통이, 평범함이 얼마나 중요한지 모른다. 평범한 것은 행복한 것이다. 비범한 것은 여운을 일으키는 돌멩이라면, 평범한 것은 이 시대를 채우는 대부분의 물결이다. 물론 세상은 일 퍼센트의 사람들이 이끌어 간다고는 하지만 이끌어 가는 사람들은 스트레스를 받으며 불행하기도 할 것이다. 보통의 평범한 사람들이 더욱 많아진다면, '남들이 말하는 정형화된 좋은 삶'이 아닌, 내가 가진 것에 만족하는 삶을 산다면, 훨씬 편안하고 행복 지수도 높아질 것이다.

인간은 불완전한 존재이며, 사랑받으며 살아가야 할 존재이다. 또한 사람은 자기 상황에 만족하며 살아야 한다. 내가 저 최상위에 있어도 만족하지 못하면 불행한 것이고, 저 밑바닥에 있어도 만족하면 행복한 것이다. 달성 목표를 내가 조금만 노력하면 이룰 수 있도록 정하라고 누군가 그랬다. 꿈을 이룰 수 있도록 꿔야 한다고. 좋은 말이다. 하지만 너무 먼 꿈은 내가 이룰 수 없으니 불행한 것이다. 이룰 수 있는 꿈을 꾸고, 거기에 맞춰 노력하면 훨씬 더 행복해질 것이다.

　나의 남은 소망은 건강하고 행복하게 사는 것이다. 전에도 인생의 목적 같은 것을 딱히 정하고 살진 않았다. 항상 지금의 삶에 만족하고, 행복하게 사는 것, 지금처럼 내 시간을 즐기고, 하고 싶은 거 하고, 즐기면서 살자가 내 목표라면 목표다. 여행도 많이 하고, 골프도 많이 치고, 현재에 만족하며 하루하루를 열심히 살아간다면 이뤄지지 않을까.
　그리고 이웃들과 후손들이 나를 기억할 때, 언제나 현실에 만족하며 그 자신을 만족하며 살다 간 사람으로, 언제나 모든 것에 최선을 다하고 후회 없이 살다 간 그런 사람으로, 현실에 최선을 다하고, 사랑을 많이 주고받았던 사람으로 기억하면 그걸로 충분히 좋지 않을까.

선한 영향력을 생각하다

승희

"내, 너희 아버지 때문에 내 명대로 못 살겠다."

어릴 때 우리 4남매가 참 많이도 들었던 어머니의 말씀이다. 어머니가 아버지에게 채근하시면 아버지의 대답은 한결같았다.

"그랬는가? 나는 몰랐네. 내가 뭐 알겠는가?"

빈농의 막내아들로 태어났던 우리 아버지는 장성하여 자수성가하신 분이었고, 무척 인정이 많은 분이었다.

"날아가는 까마귀도 같은 성씨면 다 불러다 밥 먹이고 재워 주어야지!"

덕분에 우리 집엔 항상 손님이 많았고, 어릴 적 나와 언니는 툭하면 일하는 사람들 방에 가서 잠을 자야 했다. 우리 어머니도 큰아버지, 둘째아버지의 장남들을 다 거두어 기르셨다. 불평도 없고, 그저 사람들을 잘 섬기다가 가끔은 아버지께 한마디씩 하신 것이었다.

그 광경을 본 외할머니는 기가 막혀 이렇게 말씀하시곤 하였다.

"왜 옷은 안 벗어 주었는가?"

외할머니의 잔소리에도, 우리 가족만 사는 날은 1년에 며칠 되지 않을 지경이었다. 어쩔 수 없었다. 70, 80년대에는 지금처럼 찜질방도 없었고, 숙박시설도 변변치 않았다. 휴대전화도 없었고, 편지나 전보가 가장 인기 있는 통신 수단이었던 그때 그 시절, 우리 아버지 덕분에 친가와 외가에서 우리 집에 '정거장'이라는 별명을 붙여 주었다. 시골에서 서울로 오시는 일가친척은 이유 여하를 불문하고 무조건 우리 집으로 오셨기 때문이다.

큰 백부님께서 집에 오시면, 엄마가 겸상해서 진짓상을 드릴 때마다 아버지는 무릎을 꿇고 앉으셨다. 큰 백부님이 "동생, 편히 앉소!" 하면 그때서야 양반다리로 편히 앉곤 하셨던 그 모습이 아직도 눈에 선하다.

엄마 입장에서 보면 재벌도 아니고, 거부도 아니며, 큰 부자도 아닌 우리 집 살림에 4남매와 두 조카, 거기에 온갖 일가친척을 모두 거두어야 하는 상황이었다. 이것은 어머니에겐 짐이었을 수도 있겠으나, 우리 4남매에겐 유산이다. 우리 4남매가 만나면 엄마가 워낙 많은 사람을 거둬서 오늘날 우리 삶이 선한 영향력을 발휘할 수 있는 것이라 이야기한다.

어머니는 여장부였다.

어머니는 부유한 친정의 자산을 시집에 아낌없이 쏟아부으셨다. 아버지를 따라 무조건 베풀었다. 그러면서 한편으로는 집안을 일으키는 데에 큰 역할을 하셨다.

어머니는 딸이나 아들이나 상관없이 교육열이 상당했는데, 당시로서는 드문 일이었다.

우리 집 앞에는 내가 다니던 국민학교의 사택이, 즉 관사가 있었다. 내 담임 선생님은 친정어머니와 두 분이 살고 계셨는데, 저녁을 먹고 나면 언니와 나는 책가방에 표준 수련장, 동아 수련장을 챙겨서 선생님 댁에 가서 언니랑 같이 공부하고 휘영청 밝은 밤길을 걸었다. 언니 손 꼭 붙잡고 있으면서도 "언니 같이 가!"하면서 걷곤 했다.

어릴 때는 왜 그렇게 하는지도 몰랐다. 지금 생각하니 우리 엄마의 선

견지명인지, 뜨거운 교육열인지 잘 모르겠으나, 좋게 생각해 보자고 결심했다. 우리 엄마는 지금의 대치동 일타 강사 문화의 시조새였을까? 그때 그 시절 별빛 속 공부 훈련이 인공지능 시대 스카이캐슬의 원조였을까? 라는 생각을 해 본다.

그때 우리 집에는 없는 것이 없을 정도로 풍족했다.

어느 날 산판 사업을 하시던 아버지께서 청천하늘의 날벼락 같은 위기에 휘말려, 크게 힘을 잃으신 뒤 화병으로 몸져누우시고, 우리는 하루아침에 맨발로 맨땅을 밟을 수밖에 없는 상황이 되었다.

그때 여전사 같은 우리 엄마는 남자도 생각 못 할 일을 해내셨다. 건축을 하시겠다는 것이다. 그때 어머니가 지으신 건물들이 꽤 된다. 큰 집도 지으셨고, 그중 일부는 아버지가 친척에게 주기도 하셨다. 당시 남자도 감히 하기 어려웠던 일을, 어머니는 남녀 차별을 딛고 근사하게 해내신 것이다.

덕분에 우리 집은 차츰 다시 일어나게 되었고, 우리는 물지게로 물을 배달해 주시는, 성당 다니시는 옆집 아저씨의 큰 도움으로 현재 서울 성곽 밑에 둥지를 틀고, 편찮으신 아버지와 그래도 즐겁게 살았다.

그러나, 너무 좋은 사람은 하늘이 일찍 데려간다고 했던가. 이렇게 온 가족을 하나로 묶어준 아버지는 일찍 돌아가셨다.

그날은 어쩐지 기분이 좋지 않았다.

마당에서 빨래를 너는데, 화장대 위의 백색 전화벨이 어쩐지 사이렌 소리처럼 들렸다. 슬리퍼 한 짝은 마당에, 한 짝은 마루 위에 던져진 채로 수화기를 들었다.

"승아, 아빠가 딸꾹질이 멈추지 않아, 병원에 입원하셨다."

"응? 그래? 내가 갈게."

서울집에 가서 상황을 보니, 대학병원으로 가셔야 한다는 결론이었다. 서울대에서 사흘간의 검사를 했고, 결과는 듣도 보도 못했던 담도암이었다.

오호, 통재라. 세상에서 제일 선하고, 제일 아까운 내 아버지.

아버지는 이후 얼마 살지 못하시고 돌아가셨다.

아버지가 소천하신 지 40여 년이 지났지만, 큰집 오빠는 50이 넘은 아들까지 데리고 아버지 추도식에 꼭 참석하신다.

아버지 추도식에 큰집 올케 언니들이 일찍 와서 싱크대 청소까지 했다고 저녁때 퇴근하고 오신 오빠들께 말씀하니, 큰오빠가 "작은 어머니, 싱크대 청소만 하면 되나요, 이불 빨래도 해야지요." 해서 한바탕 웃음바다가 된 적도 있다. 아름답다. 귀한 마음씨들이.

신의 선물

남편과는 연애결혼을 하였다. 당시 친정은 부유했고, 남편의 집은 가진 것이 많지 않았지만, 난 그런 것은 상관없었다. 어머니는 이 결혼에 반대하셨지만, 외할머니가 남편을 보시더니 결혼을 허락해 주셨다. 집안 따지고, 장래를 따지는 것이 아니라 그저 사람을 보고 빠르게 판단을 내리신 것이 아닌가 싶다. 그때 그 시절에도 여장부요, 지혜로웠던 외할머니 덕에 지금의 남편과 결혼할 수 있었다.

어머니는 못마땅해하시면서 종교가 다른 것도 걱정하셨다. 친정은 불교 집안인데, 남편 집안은 기독교 집안이었던 것이다. 하지만 시어머니는 인격적이고, 강요하지 않는 성품이었다.

"종교는 자유입니다."

아무도 강요하지 않았지만, 나는 시집와서 교회에 나가게 되었다. 누가 억지로 나가라고 한 것은 아니었다. 좀처럼 임신이 되지 않아 마음 고생하는 나를 보고, 마음의 고통으로 몸이 빼빼 말라가는 나를 보고, 시어머니가 교회에 가보라고 권유하였다.

하지만 교회에 갔다고 해서, 갑자기 은혜를 받거나 예수님을 만날 수 있는 것은 아니었다. 처음에는 반발하는 마음으로 억지로 설교를 들었다. 목사님이 하는 말 한마디 한마디에 반발심이 생겼다. 하지만 티를 내지 않고 그저 고개를 숙이고 듣기만 했다.

친정에서는 내가 몸을 많이 쓰면 더 임신이 안 될까봐 보약도 보내주시고, 일하는 사람을 하나 보내주셨다. 하지만 그래도 임신이 되질 않았다. 괴로움이 이만저만이 아니었다. 간절히 아이가 갖고 싶었다.

그렇게 아기를 기다리고 기다리던 어느 날, 드디어 임신이 된 듯하였다. 배가 불러오고, 입덧까지 하였다. 아기가 잘못될까봐 외출도 거의 자제하였다. 몸을 조심조심 지키며 지내다가 병원에 가보니, 의사가 당혹스러운 표정을 지었다.

"아이가 없습니다. 임신이 되지 않았어요."

이게 무슨 소리인가.

이렇게 배가 부르고, 태동이 느껴지고, 입덧까지 하는데, 임신이 아니라니. 어렵사리 말을 꺼낸 의사와 나보다 더 파랗게 질린 간호사의 표정이 아직도 잊혀지지 않는다.

"상상 임신입니다."

정말 많이 울었다. 세상에 어떻게 이런 일이 있을 수가. 그때부터 하나님 앞에 엎드렸다. 교회에서 항상 판단하고 의심하는 마음으로 목사님을 보고, 십자가를 보았지만, 그때는 마음을 낮추고, 하나님께 매달렸다. 목사님 말씀에 귀를 기울였다.

그러고 나서야 기적처럼 아이가 생겼다. 얼마나 오래 기다린 아기였던 가. 아이는 내가 갖고 싶다고 해서 억지로 낳을 수 있는 것이 아니었다. 자연스레 생기는 것도 아니었다. 하나님이 선물로 주셔야 자녀를 얻을 수 있는 거였다. 그래서, 자녀는 하나님의 선물이다. 내가 선택할 수 없지만, 절대자가 나를 위해 곱게 준비해 둔, 나와 남편을 닮은 어린아이들이었다. 그 아이들을 보며 사람을 사랑하는 것이 어떤 것인가, 그 사람을 위해 헌신하는 것이 어떤 것인가를 배우고, 그 사랑을 통해 하나님의 사랑을 조금이나마 깨닫는 것이 부모였다.

아기는 가진다는 것보다는 받는다는 편이 더 맞는 말이 아닐까 싶다. 내가 억지로 가지려고 해서 가질 수 있는 게 아니라, 하나님이 선물해 주셔야 하기 때문이다. 예전에는 이것을 두고 삼신할머니가 점지해 준다고 했다. 생명이 태어나는 것이 우연이 아님을, 그리고 인생을 살다가는 것이 우연도 아니고, 헛된 것도 아님을 아는 조상들이 아마 그렇게 삼신 할머니의 존재를 상상하지 않았을까 싶다.

나는 남매 둘을 낳았다. 친정에서부터 물려받은 교육열로, 아이들을 키울 때 영어를 원어민에게 배우게 하려고 최대한 노력했고, 열심히 공부하도록 독려하였다. 아이들도 잘 따라와 주었다. 아이들을 유학 보내고, 뒷바라지하는 기간도 무난히 지났다. 지금은 자녀들이 모두 대학에서 학생들을 가르치며 사회에 이바지 하고 있다.

구들장을 데우는 장작불도
지극히 작은 성냥개비로 부터
시작하고,
거대한 풍랑도
점화 불꽃 하나로 시작된다.

C . S . H

승희 짓고 이정화 그림

나의 인생, 나의 보배

홍길태

부산에서 태어났다고 들었다. 기억은 별로 없다.

5~6세쯤일까? 대구 큰 아버님 댁에서 잠시 지냈던 기억도 있고, 시골 할머님 댁에서 지냈던 기억도 가물가물하지만 남아 있다. 그 집 마당에 넓은 평상과 감나무가 있었고, 집 앞을 흐르는 개울에서 시골 동네 아이들과 물놀이도 하고, 수박이며 참외 서리도 하고, 장난치며 놀던 기억들이 간혹 꿈속에 나타나곤 한다.

서울에 올라와 지금 성북구 미아 삼거리 부근, 서울 숭인초등학교에 입학했다. 워낙 학생 수가 많아서, 한 반에 80명 이상이 있었다. 학생 수로는 동양 최대의 학교라는 말도 들었다. 그때 급식으로 나누어주던 노란 옥수수빵이 얼마나 맛있었던지 아직도 기억에 생생하다.

어머님은 광화문 부근에 있는 회사에서 텔렉스 타이피스트로 일하시면서 가정을 꾸려가셨다. 아버지는 자주 부재중이었다. 그래서인지 우리 가족은 가까운 외가와 자주 왕래하였다.

큰외삼촌은 의정부시 금오동 미군 부대 부근에 거주하시며, 군무원으로 재직하셨다. 어머니는 의정부에 외삼촌을 보러 가시면, 간혹 미국산 화장품, 의료품, 식료품(과자, 껌 등) 등을 미군 부대 PX에서 사서 서울로 가져와 파는 일을 하셨다. 당시에는 그게 불법이었다. 어머니는 보따리에, 혹은 가방에 물품을 넣고 서울로 진입하는 검문소를 통과해야만 했다. (아마도 지금의 도봉산역 부근일 것이다.)

때론 내 가방에 물품을 담아 온 일도 있었다. 어린 학생인 내 책가방은 검문을 피할 수 있으리라는 생각에서였다. 그래도 약간의 두려움도 있었다. 발각되면 물건들은 압수되고, 출처를 따질 테니까 말이다. 지금 생각해 보면 젊은 어머니는 홀로 가정을 꾸려가기 위해서 쉽지 않은 일들을 감당하셨던 것 같다. 어머니가 동생 길성이와 나를 키우려고 얼마나 고생하셨는지 느낄 수 있는 대목이다.

얼마 후 미아리 삼거리 부근의 생활을 접고, 정릉으로 이사를 했다. 위치는 미아리 고개 부근 정릉2동 72번지로 기억한다. (나중에 이 집 바로 옆에서 결혼 후 살게 될 줄은, 당시에는 몰랐다.)

이 당시 아버지에 대한 기억은 별로 없다. 어머니와 아버지는 일본 유학 시절에 만났다고 외삼촌들에게 전해 들었다. 두 분 다 우수한 실력으로 재학했다고 들었다. 그런데 어느 날, 아버지가 정릉으로 찾아오셨다. 가족을 등한시 하시다가 갑자기 나타나셨는데도 어머니가 지극정성으로 대접하는 모습을 보고 참 많은 생각을 하던 시절이었다.

아버지는 사업차 대구, 부산 등 전국을 다니신다는 어머니의 말은 들었으나, 혼자 가정을 일구어 가는 어머님을 두고서는 그런 모습이 이해되지 않았다. 아마도 당시 아버님의 사업은 실패의 연속이었던 것 같다. 나는 그런 아버지를 이해할 수가 없어, 그리 가까이 지내려고 하지도 않았다.

어머니는 부족한 살림살이 안에서도 나를 과외 공부까지 시켜주셨다. 어머니는 가난하고 팍팍한 살림 속에서 누구를 원망하지도 않았으며, 자신의 신세를 한탄한 적도 없었고, 자신의 삶과 자식들의 장래에 최선을 다하는 모습만 보여주셨다.

내 나이 열아홉 살, 어머니는 뇌종양으로 돌아가시기 전에 병석에 누워서도 내게 이렇게 말씀하셨다.

"태야, 너 대학 갈끼가?"

교육열이 워낙 특심했던 어머니로서는, 장남이 대학에 가길 바라는 마음이었을 것이다. 하지만 난 대답할 수가 없었다. 어머니는 병석에 계시고, 나는 장남이고, 아직 학교에 다니는 동생이 있고, 집에 모아놓은 돈은 별로 없고, 공부도 시원하게 잘한 것도 아니었다. 그런데 어떻게 대학에 가겠는가.

어머니는 뇌종양으로 오랜 시간 투병 끝에 44세로 짧은 생을 마감하셨다. 그때 내 나이 스무살이었다.

아버지의 장기 부재는 그리 허전하진 않았다. 국제관광공사에 근무하시던 막내 외삼촌(이윤경)이 내게는 아버지 역할을 해 주셨기 때문이다. 우리 작은 누나도, 어린 시절 동화책을 읽어주던 잘생기고 친절한 외삼촌을 아직도 그리워한다. 대단히 미남이었고, 자상하시고, 훌륭했던 외삼촌은 흑색종이라는 암과 투병하시다가 일찍 생을 마감하셨다.

그때나 지금이나 늘 그리운 분들은 어머님과 막내 외삼촌이다.

홀로 서서 한 걸음씩

내 나이 20대 초반까지 아버지에 대한 기억은 희미하다. 거의 집에 계시질 않았고, 따라서 아버지 노릇도 거의 하지 않으셨다.

아버지의 부재로 인해 어머니의 짐은 한없이 무겁기만 했을 것이다. 내가 기억하는 내 유년은 어머니에게는 생활을 이어가기 위한, 가난을 벗어나기 위한 역경의 시기였을 것이다. 그러다 내가 20대에 접어든 해에 어머니는 안타까운 생을 접으셨다. 당시 아직 고교생이었던 동생과 함께, 어머님의 장례를 치르며 슬프고 가슴 아팠다.

고교 학창 시절은 무사히 마쳤으나 대학에 갈 수 있는 여건은 되지 않았다.

나는 살기 위해 뭐든 해야 했다.

청년기부터 30대까지는 도서 외판원, DJ(디스크자키), 골재 현장사무실 관리, 부동산업 등의 직업을 접했다. 그러다 40대 초반 IMF 사태가 발생한 해에 직장생활을 시작했다. 안정된 공공기관이었다. 장사와 사업이 대부분 어려워지거나 망해가던 시기에 이렇게 취업할 수 있었던 것은 하나님의 은혜가 아니면 불가능했다.

이후 60대 중반, 정년퇴직으로 직장생활을 마무리하는 평범한 삶을 살아왔다고 본다.

이후 직장생활을 하며 누구나 겪을 법한 우여곡절과 내리막길과 오르막길도 있었고, 변곡점에도 서 보았던 내 삶의 중반, 후반기였다. 출장도 많이 다녔고, 일을 더 잘하기 위해 연구에 연구를 거듭하는 시절도 있었고, 직장에서 업무를 더 잘 수행하기 위해 중년에 노량진에 있는 자격증 학원에도 다녀보았다. 정년퇴직할 때까지 최선을 다해 직장생활을 하였다. 남들이 나에게 잘하건 못하건, 나는 최선을 다했다. 때로 직원들에겐 엄격한 상사이기도 했지만, 비리를 저지르거나, 잘못된 일을 강요하지는 않았다. 그리고 퇴직하여 잠시 쉬고 있을 때, 이미 회사를 차리고 일을 하고 있는 예전 직원이 함께 일을 하자고 해서, 퇴직 이후에도 일거리를 손에 놓지 않을 수 있게 되었다.

  사랑하는 나의 보배, 나의 가족
  돌이켜보면 아내를 많이 고생시켰다.
  아내는 결혼 후 넉넉하지 않은 살림살이를 알뜰하게 꾸려가면서, 교회에서 봉사도 많이 하고, 아이들을 자상하게 챙겨주고, 친척이나 이웃과 화목하고, 가족에게는 최상의 밥상을 차려주는 최고의 아내가 되어주었다. 남편은 밖에서 일을 한다는 명목으로, 자신은 저렴한 옷을 사 입어도 내게는 항상 고급스러운 옷을 사준 아내였다.
  벌이가 넉넉하지 않은 남자와 결혼하여, 전세 주택 여섯 곳을 전전하며 2002년도에 처음 마련한 자택 정릉 아파트로 이사 가기까지 얼마나 불안했을까? 아내는 그 집으로 이사했을 때 너무너무 행복했다고 말한다. 그런데도 그전에 투정 한번 안 했다. 정말 미안하고 고마울 뿐이다.

  아들 진옥이는 1979년 9월 돈암동에 있는 조산원에서 새벽 3시에 태어났다. 워낙 큰 아이(3.9kg)라 서둘러 출산을 유도했는데 약 3시간 동안 아내가 겪는 산통이 몹시 처절했었던 기억이 있다.
  진옥이는 참 순하고 건강하게 성장한 것 같다. 유아기 아이들이 겪는 몇 번의 경기(驚氣)를 제외하곤 아주 건강했다. 진옥이는 성장하면서 명랑하고 예절 바르고 붙임성 좋고 신앙심도 훌륭했다. 아빠보다 훨씬 좋은 신앙관을 가지고 성장해 주었다.
  아마도 아들은 고등학교 시절에 예수님을 지극히 사랑하지 않았을까 생각된다. 신앙생활에 열중하다 보니 학업은 좀 뒷전이었지만 국립대학인 현재의 서울과학기술대학교 행정학과에 차석으로 입학했고, 재학 중에 잠시 미국 유학길에 오르기도 했다.

아들은 뉴욕의 세탁소, 한식점, 중식점 등 아르바이트 체험도 하면서 뉴욕대학과 몬타나주의 DTS 연수를 마치고 건강하게 귀국했다. 아내는 종로 대학로에 있는 케이크 판매 전문점에 취직해 진옥이의 유학비를 매달 보태었다. 아내의 근면 성실함과 억척스러움이 느껴졌다.

아들은 부모를 속태운 적이 한 번도 기억 안 나는 특이한 녀석이다. 그리고 진옥이 30세인 2009년 5월 23일(노무현 대통령 서거일)에 우리 가정의 큰딸이 되는 소영이와 대단히 많은 하객의 축하 가운데 하나님의 축복 안에서 정릉교회에서 결혼식을 올렸고, 다음 해 2010년 2월에 첫 손녀 홍예은이 세상에 나왔다. 애칭은 '첫사랑 예니'다. 그리고 2년 후 2012년 4월에 둘째 손녀 홍서은이 세상에 나왔다. 애칭은 '내리사랑 써니'다. 또 4년 후 2016년 11월에 셋째 손자 홍정헌이 세상에 나왔다. 애칭 '쓰리 사랑 허니'다.

셋 다 예쁘고 잘 생겼고 착하고 건강하게 성장해 가고 있다.

사랑스러운 손주들을 주신 주님께 진심으로 감사함을 올린다.

그리고 예쁘고, 지혜롭고, 선하며, 신앙 깊은 며느리를 허락하신 주님께 또한 감사를 드린다.

사랑하는 딸 이정이는 1986년 4월에 성북구 삼선동 영생 산부인과에서 태어났다. 많은 이들이 '딸바보 아빠'라고 할 정도로 이정이에 대한 내 사랑은 각별했다. 아내는 이정이가 태어났을 때 내 입가에 웃음이 가득했다고 한다. 나를 닮았지만, 엄마를 닮았으면 훨씬 더 예뻤을 거라고 이정이는 가끔 투덜댄다.

아들은 자유롭게 뛰어놀게 하며, 좀 다쳐도 벌떡 일어날 수 있게 키웠지만, 딸은 귀하고 곱게 키워야 한다는 생각으로 일부러 사립초교에 입학시켰다. 특히 이정이가 서울시립합창단에서 활동할 수 있도록 적극 힘이 되어준 일이 내게는 기억에 남고 뿌듯한 일이었다.

이정이를 키우면서 한가지 아쉬움이 있었다. 딸이 음악을 하고 싶어했고, 주위에서도 자질을 인정받았지만, 금전적으로 뒷바라지할 자신이 없어 포기하게 한 일이었다. 딸에게 다 표현하지는 못했지만, 그땐 마음이 많이 아팠다.

하지만 지금에 와서 생각해 보니, 잘한 결정으로 생각된다. 음악가의 길을 갔더라면, 너무 광활하고 어려운 길을 걷게 되었을 테니 말이다. 지금 딸은 대학을 졸업하여 한국은행에서 잘 근무하고 있다.

아들 진옥이와 딸 이정이 둘 다 건강하게 말썽부림도 없이 잘 자라주었고 지금도 아내와 나는 만족하고 자랑스럽다. 그리고 잘 생기고 착하고 성실한 사위 성명이와 가정을 이루게 해 주신 주님께도 감사드린다.

그리고 이제 돌이켜보면, 선하고 알뜰한 아내를 만나 40여 년을 함께 한 것과, 사랑하는 자손들이 탄생한 것은 내게 가장 큰 기쁨이고 큰 재산이라는 생각이 든다.

늘 옆에 계셔주신 하나님께 드리는 기도

내 평생을 회고하면, 오직 하나님의 은혜만 남습니다.

낮에는 구름 기둥으로 밤에는 불기둥으로 이 거친 세상 안에서 지켜주셨으니 내 삶은 고마움과 감사함의 연속일 뿐이며, 지금 내 앞에 펼쳐진 모든 현상으로 주님께 감사할 뿐입니다. 삶을 정리해 가야 하는 나이에 자연의 품으로 옮겨 맑은 공기와 수목, 흐르는 작은 시냇물을 보고 꽃을 쫓아 나르는 벌과 나비가 있어 내 후반의 삶이 여유롭습니다.

나를 남편으로 맞이해 준 아내와
아빠로, 할아버지로 인정해 주는 자손들이 있어서
내 삶은 행복한 삶입니다.

후손에게 남기고 싶은 말
내 인생의 큰 힘은 오직 주님이었다.
이러한 말을 한다고 내가 신앙심이 깊었다고 말할 수는 없다.
주위에서는 나를 두고 조실부모한 입장이라고 하나 난 이미 건강한 청년으로 성장하고 있었고, 내게는 투정 부리고 의지할 분이 있었다.
바로 그분은 주 하나님.
어려운 경제 사정이 나를 더욱 강하게 만들어 가고 있었고, 넉넉하지 못한 가운데서도 검소하며 착한 아내와 가정을 이루게 해 주신 감사의 하나님이 늘 옆에 계셨으니 남이 부러울 것도 없었다.

세상일들에 미혹되지 않아야 한다는 40대 불혹(不惑)의 시간이 아주 예전에 지났으나 난 그 시간 동안 불혹의 세월을 보냈다고 할 수가 없다.
하늘의 뜻을 안다는 50대, 지천명(地天命)의 나이 또한 오래전이었는데 하늘의 뜻을 전혀 깨닫지 못한 지천명의 세월이었다.
이제 아름다운 인생 마무리를 시작해야 하는 노년기로 접어들고 있다.
젊은 시절이 영원할 것 같이 생각했던 철 없던 날들을 많이 흘려보냈다.

인간의 능력으로는 이 땅에서의 삶을 모두 제어할 수는 없지만 그래도 남은 시간을 소중히 여기며 알차게 보내고 싶다.

조상으로부터 이어지고 있는 기독교 신앙을 내 자손들이 잘 습득해 가며 사랑을 배우고, 사랑을 실천하며, 사람들에게 인정받고, 지혜롭고, 올바르고, 선한 삶을 살아가기를 희망한다. 아이들아! 예수님께서 걸어가신 길을 우리가 따라 걷기가 어렵겠지만 주님이 보시기에 아름답지 않은 삶, 사람들에게 비난받는 삶을 살지 않도록 최선을 다하자.

사람들 대부분은 재벌이나 재산이 많은 사람을 가리켜 "저 사람은 잘살아"라고 말한다. 그러나 나는 그 말에 동의하지 않는다.

재산이 많아도 재벌의 자리에 있어도 행복하지 않은 사람들을 너무 많이 보았다. 과욕과 갈등으로 인해 가정과 인간관계가 불화를 넘어 파탄이 나는 경우도 내 주위에 있었다.

재산을 부정하게 불법으로 많이 축적한 사람들에게 "저 사람은 잘사는 사람이야"라는 말은 정말 맞는 표현일까?

재산이 많은 사람에게는 "저 사람은 부자야"라고 말하고 재산이 부족한 사람에게 "저 사람은 못 살아"라는 표현보다는 '가난해.'라는 표현이 맞을 것 같구나. 가난하더라도 정당하고, 행복하게, 그리고 남들에게 선함을 베풀며 사는 사람들에게 나는 "저 사람은 잘살고 있다"라는 표현이 적당하다고 생각한다.

자손들아!

받는 것보다 주는 것이 더 큰 기쁨으로 느껴지는 삶을 살도록 노력해 보아라. 사람들에게 신의를 지키고 신뢰감을 주는 것은 너희들에게 큰 재산이 될 것으로 생각한다.

한번 가면 절대 다시 오지 않고 되돌릴 수 없는 것이 시간이더라.
너희들에게 주어진 시간을 소중히 여기며 "잘 살아가면" 좋겠다!

고난을 통해 만난 하나님

방길순

메마르고 추운 겨울이 지나고 이제 촉촉하고 따뜻한 봄이 온다고, 제일 먼저 피어나 봄을 알리는 작은 야생화를 아시는지요. 보통 복수초로 알려진 이 얼음새꽃은, 겨울의 냉기가 맴돌고 있는 산기슭 음지에 쌓인 눈과 얼음 사이를 녹이며 잔잔한 향기를 머금고 피어납니다.

그 여리고 작은 꽃잎이 어떻게 차디찬 눈과 얼음을 녹이며 피어나는지, 사람마다 감탄합니다. 비밀은 뿌리에 있다고 합니다. 굵고 곧은 뿌리를 땅에 깊이 내린다지요. 그 뿌리에 땅의 온기를 머금어 겨울의 냉기를 견디고, 여린 꽃잎이 차가운 눈과 얼음을 녹이며 피어나게 한답니다.

얼음새꽃의 꽃말은 두 가지인데 '슬픈 추억'과 '영원한 행복'이랍니다. 흐린 날이나 해지는 저녁 또는 비 오는 날에는 꽃잎을 닫고 있어서 마치 '슬픈 추억'을 지닌 것 같아서이고, 햇살을 받아 꽃잎이 열리면 노란 꽃잎이 금빛같이 빛나기 때문이랍니다. 겨우 10~20Cm 남짓한 이 작은 꽃은 아직 사람의 손으로 키워내는 법을 알지 못해, 여전히 야생화로 남아있습니다.

저는 이 얼음새꽃을 좋아합니다. 마치 주 예수 안에서 하나님의 은혜로 피어나는 영혼 같기 때문입니다. 죽음 같은 겨울을 지나 소생하는 봄을 알리는 얼음새꽃처럼, 예수 안에 있는 영혼은 사망 뒤에 오는 생명의 계절을 알립니다. 얼음새꽃을 사람의 손으로 키워내지 못하듯이, 예수 안에 있는 영혼은 오직 하나님의 손으로만 키워냅니다. 얼음새꽃이 음지에서 '슬픈 추억'을 머금고 있지만 햇살을 받아 '영원한 행복'의 빛으로 반짝이듯이, 예수 안에 있는 영혼은 시련 속에서 '슬픈 추억'을 간직한 듯 보이지만 은혜의 햇살을 받아 '영원한 행복'으로 세상을 비추며 노래합니다.

눈을 뜨다

저는 몹시 가난하지만 조금은 신기한(?) 집안의 장녀로 태어났습니다. 아버지는 설날이면 동네 사람들에게 토정비결을 봐주시고 먹을 것을 얻어오셨지요. 또 이상한 책 한 권을 가지고 계셨는데, 병을 치료하는 신기한 책이었어요. 아픈 사람이 찾아오면 생년월일을 묻고 책을 뒤적여 비방(?)을 내셨지요. 일례로, 밥 몇 접시와 나물 몇 접시를 차려 놓고 종이에 말(馬) 몇 마리를 그려 넣은 다음 환자 머리맡에 두었다가 밤중에 대문에서 몇 발짝을 걸어간 뒤 칼로 땅바닥에 십자가를 그린 후 쏟아 버리라는 식이었습니다. 그러면 병이 낫곤 했어요.

어느 날 아침, 사촌 동생이 와서 "엄마가 무서워요. 빨리 와 보세요!"라고 소리쳤어요. 큰어머니 눈동자가 이상했습니다. 소리소리 지르시며 당신이 앉아서 구만리를 보는 옥황상제라며, 아무개네 집에 어떤 손님이 온다는 둥, 아무개네 수저가 몇 개라는 둥, 고사를 지내야 하는데 당신이 익었다고 할 때 불을 그만 때야 한다는 둥, 알 수 없는 말씀하셨어요. 다들 넋이 빠졌습니다. 한참을 그렇게 난리를 치시더니 이번에는 갑자기 아들에게 이웃에 있는 예수 믿는 어르신을 불러오라고 하셨습니다. 아들이 모셔 오니 이번에는 돌변하며 왜 왔느냐고 가라고 역정을 내시는 거예요.

그때 어머니가 예수 믿는 어르신께 이런 말씀을 하셨어요. 며칠 전, 큰어머니가 어머니한테 이상한 꿈 이야기를 하시더랍니다. 흰옷을 입은 천사 같은 세 사람이 큰어머니 머리맡에 앉더니 "빨리 예수를 믿어라. 그래야 네가 산다." 하시더라는 겁니다.

어르신은 어머니의 말씀을 교회에 전하셨고, 교회에서 전도사님과 성도 몇 분이 오셨어요. 한참 찬송하고 통성기도를 하니, 큰어머니가 조용해지셨어요. 그러나 잠시뿐이었습니다. 그분들이 돌아가시면 다시 소리를 지르며 식구들을 꼼짝 못 하게 만드셨습니다. 그래서 다시 교회분들이 와서 두어 시간 찬송과 기도를 하면 큰어머니는 조용해지셨고, 돌아가면 또 소리치기를 반복했습니다. 그래서 전도사님과 사모님이 사택에서 기도해야겠다며 큰어머니를 아예 모셔가셨지요. 그렇게 한 달 정도가 흘렀습니다. 소식이 궁금했던 저는, 얼마 뒤 사택을 찾게 되었습니다. 그 날을 잊을 수가 없어요. 큰어머니 눈과 마주쳤는데, 너무나 무서웠어요. 정말 섬찟했습니다.

그때였어요. 초등학교 3학년인 전도사님 딸이 들어왔는데, 큰어머님이 갑자기 그 아이를 덮치며 소리쳤습니다. "내가 이제 쫓겨나야 하는데, 너를 죽이고 떠날 것이다." 기겁한 아이가 울며 뛰쳐나가 전도사님을 모셔왔습니다. 뛰어 들어온 전도사님은 이렇게 외치셨습니다. "더러운 귀신아! 내가 예수님의 십자가, 보혈의 권세로 명한다. 이제 그만 괴롭히고 당장 나가라!" 그러자 큰어머님이 갑자기 걸쭉한 거품을 한 사발이나 토하시고는 쓰러져 잠에 빠지셨습니다. 그렇게 한참을 주무시고 일어나시더니 멀쩡한 모습으로 "나 이제 괜찮다." 하셨습니다. 그렇게 집에 돌아오신 큰어머니는 열심히 교회에 다니기 시작하셨지요.

이후로 큰어머니가 기도하시면 척척 응답을 받으셨고, 낫 놓고 기역 자도 모르시던 분이 한글을 깨치시는가 하면, 그렇게 심하던 차멀미도 멀쩡해지셔서 어디든 다니실 수 있게 되었습니다. 어린 저의 눈에 살아계신 하나님이 생생하게 보이던 시절이었습니다.

뿌리를 내리다

어느 날, 고(故) 방지일 목사께서 인도하시는 부흥회에 참석하게 되었습니다. 설교 중에 십일조 하는 사람은 손을 들라 하셨습니다. 전도사님 외에는 아무도 없었지요. 다들 농사짓는 분들이다 보니 추수감사절에 쌀몇 말 강단 앞에 가져다 놓는 게 다였고, 주일에 주일 헌금 조금씩 드리곤 했습니다. 그러다 보니 전도사님 사례비는 서울에 있는 큰 교회에서 보조하는 형편이었지요. 방 목사님께서 말씀하셨습니다. "지금은 못 해도 앞으로 십일조 할 사람 손들어 보십시오." 그 말씀에 저는 예수 믿는 사람과 결혼해서 꼭 십일조 생활을 하겠노라 다짐하며 손을 들었습니다.

얼마 후에 좀 떨어진 다른 교회 부흥회에 참석했습니다. 말씀의 주제가 "도둑질하지 말라"는 것이었는데, 탐심만 품어도 이미 도둑질한 거라는 말씀이 마음에 박혔습니다. 어렸을 때 외가에 갔다가 근처 과수원의 사과가 너무 먹고 싶어 여섯 개를 따서 치마에 감춰 가지고 와 먹었던 기억이 떠올랐어요. 그 뒤로 기도만 하려면 사과 여섯 개가 눈앞에 아른거려 기도할 수가 없었습니다. 말씀의 힘이었습니다. 용기를 냈습니다. 과수원 주인이 바뀌지 않았는지 알아봤지요. 다행히 바뀌지 않았습니다.

죄송하다는 편지와 함께 시세에 맞게 사과값을 변상해 드렸습니다. 신기하게도 그 후로는 기도가 너무 편해졌습니다.

또 한번은 주기도문을 주제로 듣는데 "우리가 우리에게 죄지은 자를 사하여 준 것같이 우리의 죄를 사하여 주옵소서"라는 대목을 듣는 순간 또 괴롭기 시작했어요. 친척 되는 집과 원수처럼 지내는 상태였기 때문이었습니다. 그때까지 저는 상대방이 잘못한 거니까 마땅하다고 생각했지요.

대략 이런 사연이었습니다. 동네에 이장 선거가 있었는데 아버지께서 그 친척분에게 한번 나가보라고 하신 일이 있었습니다. 친척분은 농사일을 아버지께 맡기고 이장 일에 시간을 쓸 수 없다며 사양하셨지요. 그러자 아버지는 사돈 되시는 분을 이장으로 밀어 드렸습니다. 그런데 일이 꼬이게 되었어요. 투표 며칠을 앞두고 친척분이 자신이 해볼 테니 밀어 달라는 것이었습니다. 아버지가 아주 난처해지셨지요. 아버지는 이미 다른 사람을 밀고 있으니 그럴 수 없다고 정중히 이해를 구했고, 아버지가 밀던 사돈 분이 이장으로 선출되었습니다. 선거가 끝난 며칠 후, 늦은 밤에 친척분이 술에 만취된 채 오셨어요. 다짜고짜 아버지 따귀를 때리며 밀어뜨렸습니다. 곁에 계셨던 할머니가 말리셨습니다. 그러자 이번에는 할머니까지 밀어뜨렸습니다. 할머니는 큰 항아리에 머리를 부딪혀 크게 다치셨습니다. 하여 그때부터 원수같이 지낸 지 이미 2년이 지나온 터였습니다.

그러나 말씀에 맞닥트린 심령은 그 일은 해결하지 않고는 견딜 수가 없었어요. 도무지 주기도문을 외울 수가 없었습니다. 순종하지 않을 수가 없었습니다. 용기를 내어 그 친척분께 편지를 썼지요. "저는 예수를 믿는 사람으로서 아저씨를 용서하고 전과 같이 화목하게 지내기를 바랍니다. 회답을 기다리겠습니다." 초등학교 3학년인 그분의 딸 편으로 보냈지요. 사흘 후에 딸이 답장을 가지고 왔습니다. 내용인즉, 저의 편지를 읽고 너무 부끄러웠다며, 당신이 먼저 용서를 구했어야 했는데 용기를 못 냈다는 말씀이셨습니다. 며칠 후 찾아오셔서 우리 식구들 앞에서 죄송하다고 용서를 비셨습니다.

"우리가 무엇을 잘못해서 먼저 손을 내미냐?"며 나무라셨던 아버지와 어머니는, 친척분이 비는 것을 보시고는 마음이 완전히 풀어지셨지요. 더 놀라운 것은, 그 친척분의 가정이 다 예수를 믿게 되었고, 자녀 중 한 분이 목사님이 되었다는 사실입니다.

복음의 역사로 어린 저의 가슴에 신앙의 불을 붙이신 주님께서는, 차츰 저를 말씀으로 인도하셨습니다. 말씀을 통해서 저의 지난 삶을 돌아보시게 하셨고, 회개하지 않은 죄들을 기억나게 하시며 돌아서게 하셨습니다. 이런저런 이유로 말씀에 순종하지 않을 때마다 계속해서 저를 타이르고 마음에 감동을 주셨습니다. 때로는 가슴 깊이 찌르셔서 양심을 아프게 하심으로써 기도조차 못 하도록 하셨습니다. 그래서 마침내 그 말씀 앞에 순종하게 만드셨지요.

그리고 말씀에 순종할 때 놀라운 열매를 맛보게 하셨습니다. 말씀이야말로 내 인생의 길이요, 빛이라는 사실을 알게 하셨습니다. 말씀을 깨닫는 것이 하나님을 아는 것이요, 말씀에 순종하는 것이 하나님께 순종하는 것임을 깨닫게 하셨습니다. 인생의 진짜 실력은 말씀을 깨닫고 행하는 것임을 마음에 깊이 새기게 하셨습니다. 그렇게 말씀에 뿌리를 두고 자라 열매 맺는 신앙의 길로 인도하셨습니다.

불타는 우상

어느 날 저녁, 친구 어머니께서 아버지를 찾아오셨습니다. 시아버지가 많이 아프시다고 했습니다. 아버지는 여느 때처럼 환자를 치료하는 책을 펴시고 생년월일을 물으신 뒤 해당 페이지를 찾으셨습니다. 그런데 한참 책을 뒤적이시던 아버지께서 돌연 제게 화를 내셨습니다. 찾아야 하는 페이지가 떨어져 없어졌다며, 분명히 교회 다니는 제가 한 짓이라는 것이었습니다. 물론 저는 그 책에 손을 댄 적이 없었습니다. 그 책을 없애 달라고 기도는 하고 있었지만, 어떻게 그 부분이 사라졌는지 참 이상한 노릇이었어요.

더욱 이상한 것은 아버지의 행동이었어요. 화를 이기지 못한 아버지는 갑자기 책을 찢어 아궁이에 던져넣고 불에 태워버리셨습니다. 정말 놀라운 일이었습니다. 저는 한편으로는 놀라면서도 다른 한편으로는 할렐루야를 외쳤습니다. 하나님께서 일하고 계셨기 때문입니다. 하나님의 손길이 우리 집에 닿는 순간이라 믿었기 때문입니다. 그날, 우리 집 우상이 불태워졌습니다!

어느 해 정월 14일이었습니다. 아버지께서 빨간 종이로 태양을 만들고 수수깡으로 손잡이를 만드셨습니다. 그리고 사다리를 지붕에다 기대어 놓고는 저더러 올라가서 지붕 용마루에 꽂으라고 하셨어요. 이유가 기가 막혔습니다. 제가 그해에 죽는 운세라서 그렇게 해야 살 수 있다는 거예요. 저는 가슴에 불이 나는 것 같았어요. 종이 태양을 땅에 던져버렸습니다. 그리고 아버지께 이렇게 말했습니다. "생명이 하나님께 있는 것이지, 이 종이가 무슨 생명을 구해 주리라고 믿으세요!" 아버지는 네가 죽어도 아비 책임은 아니라며 사다리를 치워버리셨습니다. 저의 행동에 아버지도 할머니도 화를 내셨지만, 저는 조금도 두려워하지 않았습니다. 하나님의 말씀으로 우상을 이긴 것이라 여겼고, 우상의 지붕 아래에서 집안을 구했으니, 불효를 저지른 것도 아니라고 생각했습니다.

이후로 저는 한 가정에 구원의 역사가 나타나는데 중요한 한 가지 조건을 깨닫게 되었습니다. 십계명 중 제1계명, "너는 나 외에는 다른 신들을 네게 두지 말라"는 말씀이 그것입니다. 하나님이 한 가정을 구원하기 위해서 반드시 그 가정 안에 있는 우상, 즉 하나님 이외에 의지하는 것이 없어져야 한다는 사실이었습니다. 그 집을 차지하고 있는 영의 세력이 무너져야 한다는 사실이었습니다. 마귀의 집이 깨끗이 소제 되어야 거룩한 여호와의 영이 거하게 된다는 사실이었습니다.

새벽의 기적

새벽기도가 시작되었습니다. 당시 집에 새벽기도 시간에 맞춰 깨워줄 시계 하나 없던 시절이었습니다. 수탉이 우는 소리에 일어나 다녔지요. 교회까지의 거리는 산길로 이삼십 분 정도 걸렸습니다. 가는 중간에 동네 사람 모두가 섬기는 두 아름 정도의 참나무가 있었습니다. 동네에서 무슨 대사라도 치를 때면, 삼색 끈으로 북어를 묶어 놓고 지성을 드린 후, 결혼도 하고 사업도 하곤 했습니다. 밤늦게 지나가면 귀신이 나타나서 운다는 둥, 별별 괴소문이 나돌던 나무였습니다.

거기서 조금 더 가면 젖소 농장이 있었는데, 사나운 개 세 마리가 튀어나오는 곳이었습니다. 그 개가 무서워서 멀리 있는 길을 돌아 교회까지 가려면 훨씬 더 멀어질 수밖에 없었지만, 그래도 열심히 다녔습니다. 저의 신앙은 그렇게 점점 뜨거워져 갔습니다.

어느 날 한 할머니가 우리 교회에 찾아오셔서 당신 아들을 살려 달라 애원하셨습니다. 아이가 셋이나 딸린 가장인데, 많이 아프다는 것이었습니다. 목사님과 성도들이 가보니 귀신이 들려서 상황이 심각했습니다. 십여 명의 성도들이 저녁마다 가서 예배를 드리고 기도하며 고쳐 달라고 부르짖었습니다.

그러던 어느 날이었습니다. 그날도 기도하러 갔는데 앞마당에 들어서는 순간 그 집 아들 목사님을 확 밀어내며 가라고 욕을 해댔습니다. 모두 놀라서 어찌하지 못하고 있는데, 제게 담대함이 생겼습니다. 그래서 소리쳤습니다. "더러운 귀신아! 내가 나사렛 예수의 보혈로 명하노니 거기에서 나가고 조용히 해라. 그리고 예배드리게 방으로 들어가라!"

그러자 그 사람이 벌벌 떨며 구두를 신은 채 들어가는 것이었습니다. 따라 들어가서 얌전히 앉아 있으라고 했더니 얼른 신을 벗고는 얌전히 앉아 있었습니다. 그렇게 3주간 저녁마다 모여서 기도했고, 그 사람은 마침내 경련을 일으키며 더러운 오물을 토해내더니 깨끗하게 치료되었습니다. 다시 정상으로 돌아온 그분은 그 후로 신앙생활을 열심히 하셨습니다. 나중에 그분이 말씀하시는데, 다른 사람들은 다 맨손으로 들어오는데 제 손에는 날이 시퍼렇게 선 긴 칼이 들려 있더랍니다. 말을 듣지 않으면 그 칼에 찔릴 것 같아 말을 들었다고 합니다. 할렐루야!

그 시절의 경험을 통해, 새벽기도가 영적 싸움에 큰 힘이 된다는 것을 알았습니다. 새벽기도로 무장된 마음으로 악한 영을 대적할 때 성령께서 기뻐하시는 것을 보았습니다. 꼭 새벽기도 때문이 아닐지라도, 기도의 무릎을 통해 말씀의 위력이 나타난다는 것을 깨달았습니다. 반대로 기도하지 않으면 우리의 마음에 믿음의 담대함도 없어지고, 말씀의 위력도 없다는 사실을 알았습니다.

이런 면에서 저의 새벽기도는 큰 힘이 되었습니다. 그래서 더욱더 새벽기도에 힘을 쏟았습니다. 그리고 그런 저를 통해서 성령님께서는 귀신을 쫓아내며 영혼을 구원하시고 사람을 변화시키셨습니다. 무엇보다도 기도의 사람들이 하나가 되어 힘써 기도할 때, 성령께서 더욱 역사하시는 것도 보았습니다.

결혼의 의미

스물네 살이 되던 해에 지금의 남편을 만났습니다. 부모님은 다 돌아가셨지만, 청평에 있는 교회에서 세례도 받고 술 담배도 전혀 안 하는 사람이었어요. 가진 재산은 없었지만 괜찮아 보였습니다.

세 가지 조건을 말했지요. 첫째로 함께 주일을 잘 지키고 십일조를 하자고, 둘째로 제사 지내지 말자고, 셋째는 친한 친구가 오더라도 술상을 차리라고 하지는 말자고 했습니다. 술 접대하는 것은 정말 싫었거든요. 저의 제안에 그는 그러겠다고 약속했습니다. 그렇게 그 사람과 결혼하게 되었습니다.

신혼집은 지금의 서울 광진구 광장동이었는데, 부엌도 없었고, 딸랑 방 하나에 툇마루에 찬장 하나와 석유풍로 하나, 연탄은 마루 밑에 기어서 들어가서 갈아야 하는 집이었습니다.

결혼생활은 평탄치 못했습니다. 어릴 때부터 지독스레 따라붙었던 가난은 여전히 저의 삶의 한복판을 차지하고 떠나지 않았지요. 그 고통을 다 말해서 무엇하겠어요. 하지만 그보다 더 힘든 것은 남편과의 갈등이었습니다. 한 남자와 여자의 마음과 영혼이 하나 되는 길은 멀고도 험한 길이었습니다. 그래도 그 길을 걸었습니다. 힘써 인내하며 그 길을 지

켰지요. 주님의 뜻이 있다고 믿었으니까요. 그리고 조금씩 알아갔습니다. 남자와 여자가 만나 하나가 되게 하신 하나님의 섭리가 무엇을 가리키고 있는지를…. 하나님께서 이 땅에 남자와 여자를 내시고, 그들로 하나가 되어 가정을 이루고, 자식을 통해서 번성케 하시는 뜻을 알아가게 되었습니다. 그리고 천국 가정을 알게 되었습니다. 영원하고 참된 신랑이 계심도 알게 되었고요. 그분이 얼마나 저를 사랑하시는지, 저를 신부로 얻기 위해 얼마나 귀한 희생을 치르셨는지, 그분이 저를 얼마나 기쁘게 생각하시는지를 알게 되었습니다. 그리고 제가 바라봐야 할 참된 소망과 기쁨이 무엇인지도 알게 되었습니다. 그래서 더욱 기도하게 되었지요. 그분을 만나 영원히 하나가 되는 날을 고대하며 그분 앞에 깨끗하고 정결한 신부로 단장되길….

깊은 잠을 깨운 천사들

셋방을 계약할 때마다 제가 주인에게 꼭 드리는 질문이 있습니다. 이번에도 그랬지요. "예수 믿는 사람인데 이해해 주실 수 있으신가요?" 주인은 신앙이야 각자 자유인데 어떠냐며 쾌히 승낙해 주었습니다. 그러나 약속은 얼마 가지 못했습니다. 어느 날 목사님께서 구역예배를 우리 집에서 드리자고 하셨습니다. 기뻤습니다. 하지만 그래도 세 들어 사는 형편이라 조심스러워서 조용하게 예배를 드렸지요. 목사님과 성도님들을 배웅하고 들어오는데 주인아주머니가 부르셨습니다. 내일 당장 방을 빼라는 것이었습니다. 이유인즉 집터가 흔들리고 머리가 쪼개지는 것 같아 못 견디겠다는 거예요. 주인이 나가라는데 어쩌겠어요. 급하게 수소문해 다른 곳으로 이사를 했습니다.

하지만 꼭 나쁜 일만은 아니라는 생각이 들었습니다. 교회가 이전보다 가까워졌기 때문이죠. 그러나 그런 생각도 잠시, 되레 교회에 발을 끊는 일이 생겼습니다. 큰 아이가 교회만 가면 흰색 가운을 입은 목사님과 성가대를 보고 악을 쓰며 울기 시작하는 거예요. 업고 있어도 소용이 없었습니다. 겁에 질려 우는 통에 교회 밖으로 나가 창문 틈으로 예배를 드리다가 돌아오곤 했지요. 이러지도 저러지도 못하는 상황이었습니다. 그래서 '애가 말귀를 알아들을 때까지만 쉬어야겠다.' 생각하고 교회 다니는 일을 중단하고야 말았습니다.

그렇게 일 년이 되던 어느 날이었습니다. 꿈에 돌아가신 할머니가 "너 어쩌려고 교회를 안 가고 그러니. 빨리 가라!"라고 세 번이나 말씀하셨습니다. 놀라서 꿈에서 깨니 새벽 예배 시간을 알리는 찬송가 소리가 들려오고 있었습니다. 저는 '교회 가면 애가 울 텐데 어찌하나.' 하는 마음에 가지 않고 있었습니다. 그런데, 아이가 소리에 한참 귀를 기울이더니 이렇게 말하는 것이었습니다. "엄마, 예수님이 빨리 오래." 그때 찬송가 곡조가 제 귀에 선명하게 들려왔습니다. 예수가 우리를 부르는 소리. 망치로 머리를 세게 맞는 듯했어요. 정신이 번쩍 들었습니다.

저는 그제야 깨달았습니다. 반복되는 고난과 아이에 대한 그릇된 사랑을 틈타 역사한 마귀에게 속아 영적인 잠을 자고 있었음을! 저는 정신을 차리고 일어났습니다. 다음 주부터 교회에 열심히 나가기 시작했습니다. 그렇게 신앙을 회복해 갈 즈음, 울던 아이도 울음을 멈추었습니다.

내 집, 영원한 거처

1975년 가을, 하남으로 이사를 했습니다. 늘 그렇듯, 이사할 때마다 기독교인이라 밝히고 계약했으나 핍박은 여전했습니다. 이번엔 주인집 큰 딸과 계약했는데 이게 또 화근이 되었습니다. 작은 아이는 제가 안 보이면 엄마를 찾으며 울곤 했습니다. 주인집 아주머니는 왜 아이 있는 사람에게 방을 주었냐며 계약한 큰딸에게 역정을 내시곤 했습니다. 당신에게도 2개월 된 손녀가 있었는데, 참으로 서운하기 짝이 없었습니다.

이때부터 저는 작은 집이라도 좋으니 집을 달라고 기도를 시작했습니다. 겨우 30만 원짜리 전세살이하면서 과하다는 생각도 들었지만, 구하면 주신다는 말씀을 믿고 기도했습니다. 그렇게 38개월째 살고 있을 때, 집주인은 전세를 다 월세로 돌리겠다며 나가라고 했습니다. 갑자기 발등에 불이 떨어졌습니다.

남편은 하일동에 일 년 전 시세로 85만 원인 집이 있다며 가보자고 했습니다. 가보니 일 년 만에 350만 원으로 뛰어 있더군요. 진작 말하지 왜 이제 말하냐고 하니 자기는 빚지고 사는 게 싫어서 말도 안 했다는 거예요. 50만 원 적금 부은 것도 있었는데, 5만 원 빚지기 싫어서 말을 안 한 겁니다.

별수 없이 몇 달을 월세로 지내다가 천호동에 아주 작은 상가를 하나 매입하게 되었습니다. 이 상가는 장사가 되지 않아서 살림집으로 분양한 건물이었는데, 땅 주인은 건물만 사는 조건으로 250만 원이라 했습니다. 우리는 친정아버지 친구분께 은행 이자 정도를 드리는 조건으로 돈을 좀 빌리고, 남편 퇴직금을 합쳐 이사했습니다.

그곳은 모두 열여섯 가구가 입주해 사는 건물이었는데, 수돗물이 공용이었습니다. 그리고 하필 바로 문 앞에 수도가 있었습니다. 매일 열여섯 가구가 몰려들다 보니 그야말로 늘 난장판이었습니다. 시끄러워서 얼마나 힘들었던지…. 우여곡절 끝에 의견을 모아 집집마다 수도를 설치해서 겨우 해결했는데, 이 외에도 불편한 게 한둘이 아니었습니다. 특히 연탄을 쓰던 시절이라 연통에서 나오는 가스가 골목에 가득 차 머리가 아파 고생했지요. 그래도 다른 사람이 나가라 말라 하지 않으니 마음 편한 맛으로 살았지요. 비록 보잘것없는 집이었지만, 주님께서 허락해 주셨다는 믿음 때문일 것입니다.

전셋집을 전전하면서 얻은 집에 대한 작은 깨달음이 있습니다. 내 집이 없는 인생은, 그 자체가 떠돌이라는 것입니다. 나그네라는 것이지요. 방값은 다 내고 사는 살림인데, 부평초(浮萍草) 마냥 떠 있는 것 같습니다. 다음에는 어디로 옮겨야 할지 지금 자리에 터를 잡지 못하니 마음자리까지 허전하기 짝이 없었지요.

그러면서 집의 의미를 깨달았습니다. 육신을 위해서 집이 필요하듯이, 우리에게 영원한 안식의 처소가 필요하다는 사실을, 영원한 내 거처가 필요하다는 사실을…. 그래서 저는 영원한 제 거처를 바라봅니다. 그 영혼의 처소를 약속하신 나의 주님을 바라봅니다. 비록 지금은 보잘것없는 집에서 살지만, 나를 사랑하시는 주님의 약속을 믿고 삽니다.

남편의 외도, 참된 사랑의 주소

어느 날이었습니다. 남편이 몸을 못 가눌 정도로 술에 취해 들어오더니 다짜고짜 이혼하자며 입고 있던 셔츠를 갈기갈기 찢는 것이었어요. 남편의 그 이상한 행동을 보며, 저는 직감했습니다. 남편에게 다른 여자가 있다는 사실을…. 얼마 전 제가 아플 때 한의원 원장님이 빨리 낫기를 바란다면 부부생활을 금하라 했는데, 아마 그때 다른 여자를 만나기 시작한 것 같습니다. 사실 꿈으로 다른 여자를 만나는 것을 한두 번 본 게 아니었지만, 저는 다른 사람이 다 그럴지라도 내 남편은 아닐 것이라 애써 믿으려 했던 것이지요.

어느 날 새벽에 남편이 일어나더니 늦었다며 세수도 안 하고 옷 단추도 다 못 채우고 달려 나갔습니다. 그리고 퇴근 후 와서 부장에게 되게 혼나고 경위서까지 썼다며 기숙사에서 자면 깨워주는 사람이 있으니 거기서 자주 자겠다고 했습니다. 저는 정 사정이 그렇다면 그러라 했지요. 그 후 기숙사와 집을 하루건너 오가는 생활이 이어졌습니다. 그러던 어느 날 조합원 회의차 나가며 넥타이를 매는 순간이었습니다. 갑자기 내 입에서 말이 터져 나왔습니다. "사람은 속여도 하나님은 못 속여!" 그러고는 남편이 만나는 여자의 딸 이름을 대며, 남편이 여자 집 문을 두드리며 들어가는 흉내를 냈습니다. 그러고는 속에서 치밀어 오르는 덩어리 같은 것에 가슴이 막혀 그만 쓰러졌습니다. 제가 두 아이의 이름을 부르며 이제 죽는다고 하니 남편이 혼비백산하여 "여보, 내가 잘못했어. 제발 정신 좀 차려!" 하며 어쩔 줄 몰라 했습니다. 순간 막혔던 가슴이 뚫려 일어났는데, 남편이 다시 돌변하며 말했습니다. "병신도 가지가지구먼. 죽을까봐 그냥 잘못했다 한 거야." 하며 다시 넥타이를 매려고 했습니다. 그 순간 다시 제 가슴이 꽉 막혀오더니 쓰러졌습니다.

남편이 성경책을 찾았습니다. 그리고 위에 손을 얹고 말했어요. "하나님 잘못했습니다. 애 엄마만 살려주시면 다시는 다른 여자 쳐다보지도 않겠습니다." 하며 울었습니다. 다시 증세가 가라앉았지만, 저는 너무 충격을 받아 드러누웠고, 남편은 주사 놓으러 다니는 사람을 불러 수액을 놓게 했습니다. 그때 조합장 총무가 찾아왔습니다. 남편이 회의에 늦었기 때문입니다. 무슨 일이냐는 총무의 질문에 남편은 "내 실수로 마누라 죽일 뻔했다."라며 자초지종을 말했지요. 그러자 총무는 잠깐 그랬다가 끝난 일인데, 제가 몸이 약해서 헛소리하는 거라 했습니다. 제가 하나님이 역사하신 거라며, 그렇지 않으면 그 여자 딸의 이름을 어찌 알겠느냐고 하니, 남편이 맞다고 했습니다.

그 후에 저는 꿈에 우리 집에서 7~8분 거리에 있는 그 여자의 집을 보게 되었습니다. 찾아가서 알아보니 정말 그런 사람이 산다고 하더군요. 저는 그 여자를 만나보고 싶었습니다. 도대체 어떤 여자기에 몇 년씩이나 남편이 그러고 다녔나 궁금했습니다. 그러나 하나님께서 만나지 말라는 음성을 들려주셨어요. 평생 그 얼굴이 떠올라 기도 생활에 방해가 된다고 하시며…. 그러면 어떻게 해야 해결이 되는지 물어 기도드렸더니 골로새서 3장을 읽으라고 하셨습니다. 펴보니 이 말씀이었습니다. "너는 죽었다가 다시 살리심을 받은 몸이니 위의 것을 생각하고 땅의 것을 생각하지 말라."

괴로울 때마다 그 말씀을 읽고 마음을 다잡곤 했습니다. 그러나 여전히 괘씸하고 미운 마음이 문득문득 들었어요. 안 만난다고 했지만 믿어지지 않았습니다. 어떻게 해결해야 할지 몰라 아침마다 금식하며 기도하던 중, 칠 일째 되던 날이었습니다. 남편은 잠이 들었는데, "그 집 앞에 가서 남편이 다시는 그 문으로 들어가는 일이 없도록 기도하라." 말씀하셨습니다. 그대로 했습니다. 그리고 두 달이 지난 어느 날 그 여자는 먼 지방으로 이사를 하게 되었습니다. 남편의 일은 이렇게 끝이 나게 됩니다.

해바라기 행전

1989년의 어느 날 새벽, 기도 중에 처녀 때 같이 교회 다니던 친구들을 모아 오지(奧地) 교회와 해외 선교사님들을 후원하라는 말씀을 들었습니다. 옛 고향 산천만 변한 게 아니고, 다들 어디 사는지도 모르는데 어떻게 찾아야 할지 깜깜했지요. 모든 걸 주께 맡기고 그저 열심히 기도했습니다. 그렇게 일 년쯤 지난 어느 날, 시장에서 옛 친구를 만나게 되었습니다. 친구가 먼저 말을 걸어왔어요. 그리고 그를 통해 만나야 할 친구 이름과 전화번호를 얻게 되었지요.

그 친구에게 연락했더니 또 다른 몇 명과 연결이 되었습니다. 그렇게 다섯 명을 반갑게 만나게 되었는데, 그들이 매월 친목계로 모이자고 했습니다. 나의 뜻과는 아무 상관이 없는 쪽으로 흘러갔습니다. 저는 주일 모임은 할 수 없다며 더는 가지 않았고, 뜻이 맞는 친구들과 연결이 되기를 기도했습니다. 그렇게 세 사람이 모이게 되었지요.

그때 장호원의 한 목사님이 댁에서 교회를 시작하셨는데, 사모님과 두 아이가 라면도 못 먹을 정도로 어렵다는 소식을 듣게 됐습니다. 1991년 9월부터, 우리는 한 달에 쌀 20kg씩 보내드리는 일을 시작하게 되었습니다. 계속해서 회원이 한둘씩 늘었고, 나중에는 십만 원씩을 보내드릴 수 있게 되었습니다. 그리고 1993년 말쯤에는 회원 수가 15명으로 늘어나게 되었습니다.

청계산 기도원에 올라가 5박 6일을 기도하던 중, 이제부터 해외 선교사님 한 분을 더 도우라는 응답을 받았어요. 회원들과 매달 한 번씩 모여 수입과 지출을 살피고 후원하는 교회와 목사님을 위해 합심 기도한 뒤, 선교사님을 돕기로 했습니다. 1994년 1월에는 또 선교사님 한 분을 더 후원하라 하셔서 추천받았는데, 과테말라에서 힘들게 사역하시는 한 전도사님께 십만 원씩을 보내기로 했습니다.

주님께서 역사하시는 게 보였습니다. 회원 중에는 자기가 선교는 못 하지만 필요한 분 도와달라고 반지를 빼 내놓는 분도 있었고, 뒤늦게 대학을 간 어떤 회원은 학교로부터 받은 장학금을 내놓기도 했어요. 그리고 장로이신 시아버지께 말씀드렸더니 칭찬하시며 그만큼 학비를 지원해 주셨다고도 했습니다. 회원이 늘어가는데 동창 친구의 몫이 컸습니다. 병을 고치는 은사를 받은 친구였는데, 환자들을 위해 기도하면 곧잘 치유의 역사가 일어나곤 했습니다. 그러면 치유를 받은 분들이 회원이 되어 같이 섬기게 되곤 했습니다.

1996년에는 회원이 22명까지 늘었습니다. 기도 중 선교사 한 분을 더 도우라는 말씀을 듣고, 출석 교회 전도사님과 상의하다가 탄자니아에서 어렵게 선교 중이신 선배 목사님 이야기를 듣게 되었습니다. 단기 선교를 떠나셨는데, 떼강도들이 닥쳐 세 살배기 딸을 납치하고는 요구한 돈을 내놓지 않으면 아이를 죽이겠다고 했답니다. 그때 목사님 내외가 하나님께 서원 기도를 하셨답니다. 딸만 살려주시면 이곳 탄자니아에 뼈를 묻겠다고…. 그 후 강도들이 딸을 놓고 가며 다시 오겠다며 갔는데, 다시는 오지 않더랍니다. 그래서 그곳에서 선교사로 지내게 되셨는데, 밤이면 이슬람 신도들이 집에 돌을 던지며 한국으로 돌아가라고 소리소리 지르곤 한답니다. 회원들에게 이 이야기를 전하니 모두 후원하자고 해서 1996년 1월부터 십만 원씩 후원하기 시작했습니다.

어느 날 선교사님으로부터 유치원을 세우기 위해 기도하신다는 편지를 받았습니다. 우리는 힘써 기도하며 도왔습니다. 선교비 외에도, 할 수 있는한 모아서 보내드렸습니다. 어떤 가정은 퇴직금을 미리 타서 수백만 원을 보낼 정도였으니까요. 그렇게 탄자니아에 유치원이 세워졌습니다. 또 얼마 후 초등학교를 세우려 기도하신다는 소식을 들었습니다. 역시 우리도 한마음이 되어 기도하며 모이는 대로 다 보내드렸습니다. 2004년 말, 처음 후원했던 장호원의 교회가 자립교회가 되었다는 소식을 들었습니다. 너무나 기뻤습니다. 다시 기도하는데, 더 어려운 곳을 도우라는 말씀을 받고, 신안군에 있는 한 교회와 강원도 정선에 있는 한 교회를 후원하기도 했습니다. 히라솔이란 이름처럼, 주님만을 바라는 해바라기들의 즐겁고 행복했던 행전(行傳)이었습니다.

얼마 후에 선교회를 두 팀으로 나누게 되었고, 6명으로 새출발한 우리 팀은 곧 열 명으로 늘어났습니다. 이후 탄자니아 선교사님께서 중학교를 세우신다는 소식을 듣고 열심히 기도하며 모이는 대로 보내드렸습니다. 학교와 기숙사가 지어졌고, 탄자니아에서 일곱 번째 되는 학교가되어 정부로부터 인정도 받고 정부 포상도 받는 학교가 되었다는 소식을 들었습니다.

1991년 9월부터 2018년 12월까지, 27년을 한결같이 힘써 기도하며 주님의 인도하심을 따르던 회원들이 하나둘 천국으로 부름을 받으면서, 그뜨겁고 은혜로웠던 사역을 마무리하였습니다.

무속인이 되기 직전 구원받다

기도 중에 신혼 시절 같은 집에 살던 언니에게 전도하라는 음성을 들었습니다. 제 큰아들이 한 살이었을 때, 그 언니는 세 살과 한 살배기 딸을두고 살았지요. 나를 친동생처럼 아끼고 보살펴 주셨던 고마운 분이었어요. 제가 이사한 후에 찾아오신 적이 있었습니다. 그때 제가 예수님 믿으라고 하자 "그런 소리 하려거든 인연을 끊자!" 하고 가셨고, 어언 이십이 년이 지났지요. 그동안 그 언니를 생각하며 하루도 빠짐없이 기도했는데, 주님께서 다시 가서 전도하라 말씀하신 것입니다.

언니가 살던 곳으로 가보았으나 찾을 수가 없었습니다. 헛걸음이구나

하고 돌아오는 길에 아는 분을 만나 언니 사는 곳을 알게 되었습니다. 주님의 인도하심은 참 신기합니다. 찾아가서 만나자마자, 충격적인 소리를 들었어요. 언니에게 무당 신이 찾아왔다는 겁니다. 매일 상에 물을 떠 놓고 촛불을 켜 놓고 빌지 않으면 무서운 생각이 들어 견딜 수가 없다고 했습니다.

자주 다니던 절에 갔더니 큰 절에 가보라 하더랍니다. 그래서 갔더니 내림굿을 하고 받으면 한국에서 몇 손가락 안에 드는 큰 무속인이 되는데, 대신 가족하고는 연을 끊고 살아야 한다고 했답니다.

그렇게는 못 한다고 했더니 그러면 빨리 예수를 믿으라고 하더랍니다. 당시 언니의 두 딸은 광장동에 있는 교회에 나가고 있었습니다. 딸들이 저에게 우리 엄마 좀 붙들어달라고 간곡히 부탁하더군요. 몇 시간 동안 복음을 전했습니다. 그리고 이제부터 무서우면 물 떠 놓고 빌지 말고 성경을 읽고 예수님께 살려달라고 기도하라 하고 돌아왔습니다.

얼마 후 열심히 신앙생활 하고 있다는 소식이 왔어요. 언니의 큰딸도 하남시에 있는 교회에서 전도사로 섬기고 있다고 하더군요. 그리고 언니 남편도 열심히 믿음 생활한다며 이런 얘기를 들려주셨습니다.

큰딸이 약혼한 상태에서 갑상샘암이 발견되었답니다. 수술 날짜를 잡아 놓았는데, 사위 될 사람이 "따님은 저와 약혼했으니 이제 제 사람입니다. 저는 아내 몸에 칼을 대지 않겠습니다. 저에게 맡겨 주십시오." 하고는 데리고 기도원으로 들어가더래요. 그렇게 몇 달을 기도원에서 기도하고 내려와서 검사를 해보니, 완치 판정을 받았다는 겁니다. 이 일을 계기로 언니의 남편도 신자가 되었다는 이야기였습니다.

전도의 열매, 박해자가 주께 돌아오다

큰아이가 세 살 때, 구역예배 드렸다고 쫓아낸 집 이야기입니다. 신앙은 자유라며 계약해 놓고 구역예배 한 번 드리자, 방을 빼라고 쫓아낸 그 주인집을 위해, 이후로 이십 년이 넘도록 매일 새벽마다 기도했지요. 그 가정도 예수 믿고 구원받게 해주시기를요. 그런데 어느 날 "이제 때가 되었으니 찾아가서 전도하라."라는 음성을 주셨습니다. 그런데 어떻게 찾아야 할지 난감했지요.

기도하던 중 그 아들이 성남 어딘가에서 당구장을 한다고 들었던 기억이 났습니다. 찾아갔더니 그때까지 정말 당구장을 하고 있더군요. 제가 중매해서 결혼을 아주 잘한 사람이었기에, 친절하게 알려 주었습니다. 아버지는 돌아가시고 어머니 홀로 되셨다며….

찾아갔더니 어르신은 팔에 주사를 꽂은 채 혼자 누워계셨습니다. 나를 보시더니 깜짝 놀라시며 너무 반갑게 맞아주셨습니다. 어떻게 해야 한 번 만날까, 찾던 중이셨답니다. 이렇게 좋은 며느리를 얻게 해준 사람을 예수 믿는다고 쫓아냈으니 얼마나 서러웠을까, 하며 많이 생각하셨답니다. 꼭 만나서 용서를 빌고 당신도 하나님 믿다가 천국 가고 싶었다며 반가이 맞아주셨습니다. 그러면서 "나 좀 용서해 줘! 용서해 줄 거지?" 하며 눈물을 흘리셨습니다. 그리고 당장 교회에 나가고 싶으시다며 좋은 교회가 어디 있는지 가르쳐 달라고 하셨습니다. 주님의 말씀이 딱 맞았습니다. "때가 되었으니…." 가까운 장로교회를 소개해 드리고 돌아왔지요. 그분은 그 이후로 열심히 신앙생활 하셨습니다. 나중에 집사 직분도 받고 교회를 잘 섬기시다 천국 가셨지요.

기도는 절대 헛된 게 아님을 믿습니다. 빨리 이루어지느냐 좀 늦게 이루어지느냐 하는 차이뿐입니다. 기도야말로 하나님이 사랑하는 자의 길을 내시고 열매를 거두는 인생이 되게 하시는, 하나님의 가장 강력한 방법입니다. 그러므로 믿음으로 기도하면 하나님께서 열매 맺게 하십니다. 하나님은 성도가 기도하기를 기다리시고, 기도하도록 만들고야 마시고, 기도할 때 제일 기뻐하시고, 기도를 통하여 이루시는 분이십니다. 하나님께서 예수 그리스도 안에서 우리를 향하여 갖고 계신 뜻(의지)이 무엇인지를 마음에 새깁니다. 쉬지 말고 기도하는 것이지요!

자살 직전 주께 돌아온 사람

어느 날 밤 10시쯤 기도하다가 제 입에서 누군가의 이름이 나오며 "이 사람이 자살 직전에 있다." 하시며 환상을 보여주셨습니다. 한 손에는 농약을 들고 한 손에는 칼을 든 채 "먹고 죽을까, 칼로 죽을까!" 하고 있었습니다. 누구인지는 모르나 제발 자살만은 막아주시고 제발 만나게 해주시기를 기도했습니다. 간절히 기도하는데, 여동생 남편의 친구라는 응답을 주셨습니다.

제부에게 전화했지요. 전에 친한 친구였는데 연락이 끊긴 지 몇 년이 지났다며 알 길이 없다고 했습니다. 그래서 같이 기도하자고 약속을 잡았는데, 세상에! 바로 그 밤에 그 친구가 연락도 없이 찾아왔답니다. 보자마자 "너 왜 자살하려고 했어!" 하니 그 친구가 깜짝 놀라며 그걸 어떻게 알았냐고 하더랍니다. 그래서 모든 얘기를 해 주었더니, 처형 좀 만나게 해달라 하더랍니다. 다음날 저는 성경책과 찬송가책을 사 들고 동생 집으로 갔습니다.

어떻게 동생 집에 오게 됐느냐고 했더니, 자살하려고 하는 순간 예수 믿는 친구나 마지막으로 보고 죽어야겠다는 마음이 들어서 왔답니다.

자살하려고 한 이유는 너무 억울한 일을 당해서랍니다. 고소도 해보았지만, 재판에서 졌답니다. 상대가 돈도 많고 인맥도 좋아서 이길 재주가 없었다고 합니다. 그는 부모님도 안 계셨고 양어머니와 살고 있었는데 재판에 지고나니 어머니 볼 면목도 없고 억울해서 살 수가 없더랍니다.

그의 말을 들으니, 가슴이 미어지듯 아팠습니다. 그에게 전할 게 정말 하나님밖에 없었습니다. 그에게 말했지요. 하나님은 사랑이시라고, 그 사랑의 하나님이 당신을 사랑하신다고, 당신의 위급함을 저에게 보여주시고 이렇게 만나게 하신 것을 보라고, 하나님은 그 억울함을 아신다고, 이제 그 원수를 더 미워하지 말고 용서하라고, 그리고 이제 예수 믿고 하나님 품에서 평안을 찾으라고….

찬송 375장을 함께 불렀습니다. "나는 갈 길 모르니 주여, 인도하소서 어찌해야 좋을지 나를 가르치소서…." 그리고 주기도문 중에 "우리가 우리에게 죄지은 자를 사하여 준 것 같이 우리의 죄를 사하여 주옵소서" 라는 부분을 설명해 주며 용서하자고 했습니다. 성경과 찬송을 그의 손에 건네며 예수 믿고 잘 사시라고 축복해 주었습니다.

후에 소식을 들었습니다. 예수님 잘 믿고 신앙생활 잘하고 있다고, 믿는 여자 만나서 결혼해 행복하다고, 교회에서 집사직을 받고 칭찬받는 일꾼으로 섬기고 있다고….

한글을 몰라 창피해서 교회 못갑니다

새벽 기도 중에, 고향 옆집 사시던 아저씨가 당신 집으로 빨리 오라는 환상을 보았습니다. 성남이 개발된 뒤로는 집을 찾는다는 게 정말 어려웠습니다. 무작정 갔습니다. 일단 노인정에 가는 게 좋겠다 싶어 갔더니,

그분의 집과 연락처를 알 수 있었습니다.

 찾아 들어가니 너무 오랜만이라 그런지 깜짝 놀라셨습니다. 어떻게 왔느냐고 하시기에 기도 중에 이만저만해서 왔다고 말씀드렸더니, 아저씨께서 잘 왔다고 하시며 아주머니에게 예수 좀 믿을 수 있게 말해달라고 부탁하셨습니다. 그분들은 딸 하나밖에 없으셔서 사위와 외손녀까지 함께 살고 계셨는데, 따님 가정은 다 예수 믿고 있었고, 손녀딸은 신학대학에 다니고 있었습니다.

 그런데 딸이 아무리 전도해도 안 들으신다는 겁니다. 그 이유를 물었습니다. 놀랍게도 한글을 몰라 창피해서 못 간다고 대답하시는 거예요. 아주머니 곁에 앉아 한참 동안 성경 이야기를 해드린 후, 마음이 편해지셨다 싶어서 이렇게 말씀드렸습니다. "아주머니! 한글을 모르셔도 얼마든지 예수 믿을 수 있어요. 그리고 까짓 글자 몰라도 목사님 설교 듣는 데 아무 지장 없고요. 그렇게 목사님 설교만 들으시면 모든 죄 다 용서받고 천국에 갈 수 있는 확신을 얻으실 수 있어요. 아무 염려 말고 교회에 꼭 나가세요." 하고는 돌아왔습니다. 제가 다녀온 후로 아주머니는 따님과 함께 열심히 교회에 다니시며 예수님을 믿으셨습니다.

고난 끝에 찾아온 회복

 한 초등학교 동창 이야기입니다. 초등학교를 졸업한 뒤 그 친구는 중학교에 진학했지만, 어머니의 병환으로 어린 동생을 돌봐야 했던 저는 중학교에 가지 못했습니다. 문방구 겸 작은 가게를 운영하던 친구의 집에는 할머니와 어머니, 그리고 남동생이랑 네 식구가 살고 있었습니다. 아버지는 돌아가셨는지 보지 못했는데, 글짓기 시간이면 친구는 생사를 모르는 아버지를 몹시 그리워하는 글을 쓰곤 했습니다. 졸업한 후에 주일학교 아이들에게 상으로 줄 공책이나 연필을 사러 친구네 가게에 가면, 친구는 방으로 쏙 들어가 버리곤 했습니다. '내가 중학교도 못 가니 무시하는 건가, 아니면 예수 믿는 내가 싫어서 그러나?' 생각하며 속상했던 기억이 납니다. 그렇게 어린 시절이 지나고 장성하여 결혼한 뒤로는 만날 기회가 아주 없었지요.

그러던 어느 날 그 친구를 위해 기도하라는 음성을 들었습니다. 무슨 일이 있는지 궁금해 하던 차에, 소식을 듣게 되었습니다. 결혼해서 딸 둘과 아들 하나를 키우며 김포에 살고 있다는데, 고등학교 2학년인 아들이 희귀한 피부병에 걸려 한 기도원에 가 있다는 소식이었습니다. 기도원으로 찾아갔습니다. 친구는 반색하며 저를 숙소로 데려갔고, 아들의 상태를 보게 되었습니다. 온몸에 흑색 반점이 가득했습니다. 자식을 키우는 부모의 마음이 다 그렇듯, 마음이 너무 아팠습니다. 간절히 기도해 주고 뭐라도 사 먹이라고 봉투를 건네고 왔지요.

몇 달이 지나고, 그 친구가 저를 만나러 하남에 왔습니다. 그날은 마침 선교사님을 후원하는 문제로 선교회가 우리 집에서 모이는 날이었습니다. 함께 모여 대화하는 중에 그 친구가 간증했어요. 아들의 병은 끝내 치료가 되지 않았답니다. 기도원에서 집으로 돌아와 지내다가 세상을 떠났다고 했습니다. 아들이 낫기를 바라며 하나님께 나아가 전심으로 기도했기 때문에, 만약 아들이 죽으면 자기는 예수 믿을 까닭이 없다고 생각했다고 합니다. 그런데 아들이 죽기 사흘 전에 이렇게 말하더랍니다. "엄마! 나는 천국으로 갑니다. 천국과 지옥을 다 보았어요. 일찍 가고 늦게 가는 차이가 있을 뿐 누구나 한번은 가는 거잖아요. 내가 떠난 뒤에도 예수님 잘 믿고 지내시다가 천국에서 만나요." 그러고는 평안히 눈을 감았답니다.

아들의 이 말 때문에 열심히 신앙생활 하고 있다고 말하면서, 기도원에서 힘들게 버티고 있을 때 유일하게 찾아와 위로해 주고 전화로도 격려해 준 사람이 저 한 사람뿐이었다며, 큰 힘이 되었다며 고마워 했습니다. 그리고 앞으로 더욱 믿음 생활 잘하고 예수님의 사랑을 실천하며 살겠노라고 했습니다. 이후에도 종종 전화해 보면 남편이 대신 받으며 말했습니다. 아내는 교회 봉사할 일이 있어서 나갔다고.

제가 신앙생활 하면서 제일 궁금하고 답답한 것 중 하나는, 왜 구원받은 하나님의 자녀에게 고난이 넘치는가 하는 것입니다. 제가 분명히 확인한 게 있는데, 믿음 좋다고 다 형통하고 평안한 게 아니라는 것입니다. 욥이라는 구약의 성도가 그랬듯이, 오히려 믿음 좋고 충성스러운 성도가 더 많은 고난을 받는 경우가 허다하지요.

저같이 무지한 자가 어찌 그 이유를 어찌 다 알겠습니까마는, 이것 하나만은 분명하게 깨달았습니다. 로마서 8장 7절 말씀처럼, 하나님의 상속자는 주님과 함께 영광을 받기 위하여 고난도 함께 받는다는 것입니다. 그리고 고린도후서 1장 6절 말씀의 교훈처럼, 그렇게 환난 겪는 성도를 서로 위로하여 잘 견디도록 도와야 한다는 것입니다. 그것이 고난을 받는 성도에게 넘치게 하시는, 하나님의 위로니까요.

남편의 중병, 고난이 소망을 키우다

2016년 2월 20일, 남편이 소화가 안 된다며 동네 병원에 다녀온 후였습니다. 목욕이나 다녀온다며 준비하다가 갑자기 거품을 뿜고 쓰러졌습니다. 급히 119에 신고하여 대학병원 응급실로 갔지요. 두 시간여 검사를 받고 심장 부정맥에 의한 뇌졸중이라는 판정을 받고 막힌 혈전을 약으로 뚫는 치료를 받았습니다. 그리고 더 큰 병원 중환자실에 입원했지요. 오른손과 발, 그리고 입과 눈은 꼼짝 못 했고, 의식은 있는지 없는지, 콧줄 소변줄에 기저귀까지 차고…. 거의 식물인간이 되었습니다.

며칠 만에 눈을 뜨고 정신이 돌아오더니 소리소리 지르고 사람을 깨물며 발광하는데, 정말 말이 아니었습니다. 입원한 지 10여 일을 그렇게 정신없이 보냈습니다. 13일째 되는데, 병원 측 담당자가 재활 치료를 해야 하는데 매달 천만 원 정도가 드니 감당하지 못하면 퇴원하라고 종용했습니다. 어쩔 수 없었습니다. 매달 백만 원 남짓 드는 요양병원으로 옮겼지요. 콧줄을 통해 환자식을 먹고 물리치료를 받으니 조금씩 나아졌습니다. 일으켜 주면 잠깐 앉아 있을 수 있게 되었습니다. 좀 희망의 빛이 보이는가 싶었는데, 4개월쯤 되었을 때 담당 의사가 맹장염 증세가 있다며 대학병원 응급실로 가라 했습니다. 기가 막혔습니다. 어쩌겠어요. 어렵사리 수술했습니다.

다시 요양병원으로 가서 생활하게 되었는데, 이 양반이 집으로 가겠다며 억지를 부리며 사람을 물고 때려서 고통이 이만저만이 아니었지요. 그렇게 하루하루 버티고 견뎌서 화장실도 다닐만하게 하는데 꼭 123일이 걸렸습니다. 없는 살림에 그동안 천삼백만 원이 넘는 돈을 쏟아부었는데, 주위의 도움이 아니었으면 엄두를 낼 수 없었을 겁니다.

집에 와서는 오로지 저 혼자 감당해야 했습니다. 소리는 내지만 말 한 마디 못 하는 데다가 기억도 가물가물하였고, 빠르게 치매가 왔습니다. 집에 붙어서 병시중하는 것은 제게 너무나 버거운 일이었습니다. 일 년쯤 지나니 몸무게가 5kg이나 빠지더군요. 15개월이 지나 남편이 복합장애 1등급과 요양등급을 받은 후부터는 매일 세 시간씩 요양보호사가 가정

방문을 해 돌봐주면서 숨을 좀 돌리게 되었지요.

날마다 울며 기도했습니다. 그렇게 지내니 남편은 매일매일 살만 찌는데, 반대로 저는 점점 말라갔습니다. 몸무게가 35kg까지 내려가더군요. 가죽과 뼈만 남은 듯 싶었습니다. 사람들은 못 버틴다고 요양원에 맡기라고 하는데 비용도 만만치 않고 본인도 죽어도 안 가려고 해서 어찌하든지 버티고 있었습니다. 그래도 낙심하지 않고 날마다 주님 앞에 기도하며 말씀과 찬양 속에 위로받으며 지냈습니다. 장차 가게 될 천국을 바라보며 어차피 내게 주어진 일이니, 생명이 다하는 날까지 잘 돌봐야지, 하는 마음이었습니다.

하지만 이도 제 마음대로 되지는 않았습니다. 남편의 치매 증세는 점점 심해지면서 집을 나가면 찾지 못해서 경찰에 의지해서 찾는 일이 빈번해졌습니다. 집에 있는 날에도 난폭한 성미가 폭발하여 저를 밀치고 깨무는 일이 계속되었습니다. 결국 요양원을 운영하시는 목사님을 소개받아 큰아들을 통해 요양원에 보내고 말았습니다. 이 일은 제 마음을 너무나 아프게 만들었습니다.

제 몸도 한계에 이른 듯합니다. 남편이 요양원에 가면 좀 회복될까 싶었으나, 그동안 부대끼다 지친 몸이 좀처럼 회복이 안 됩니다. 힘이 없어 집 밖으로 나가는 일도 힘들고 집 안에서도 넘어져 깁스하는 일도 있었습니다. 긴장이 풀려서 그런지 소화도 되지 않아 환자용 음료로 식사를 대신하는데 이마저도 토하기 일쑤입니다.

생명의 기력이 떨어져 이제 제 몸이 하나님 앞에 가야 할 때를 알립니다. 남편 먼저 보내고 가기를 원했지만, 이 또한 주님의 뜻에 맡겨야 한다는 사실을 받아들입니다. 요즘은 하루하루 살아온 삶을 돌아보며 회개하고, 그동안 베풀어 주신 주님의 은혜에 감사하며, 주님이 부르시는 날을 기다리고 있답니다.

그리고 남편이 요양원에 간 후 꿈을 꾸었습니다. 남편이 목욕탕 물이 좋다고 소문난 곳에 와서 목욕했는데, 물이 얼마나 좋은지 몸이 깨끗해졌다고, 목욕했더니 너무 개운하고 좋다고 말하며 깨끗한 옷으로 갈아입는 것을 보고 깨어났습니다. 예수님의 보혈로 그의 더러운 죄가 깨끗이 씻겨진 것이라 믿어졌습니다. 요양원에서 남편은 주일 날 함께 예배도 드리고 목사님의 설교 말씀도 가만히 잘 듣는다고 전해들었습니다. 저는 믿습니다. 남편을 믿는 것이 아니라, 기도를 들으시는 하나님께서 반백 년을 눈물로 간구한 저의 기도를 들어주셨다고 말입니다. 우리 주님이 그렇게 믿음으로 기도하신 분이시지요. 운명의 날을 앞두시고 당신을 능히 구원하실 이에게 심한 통곡과 눈물로 간구하셨고, 아버지 하나님은 그 기도를 들으시고 당신의 아들을 사망에서 구원하셨으니까요.

부르시는 날을 기다리며

2018년 11월, 중풍에 쓰러진 남편을 간병하며 이태 반쯤을 보내던 어느 날, 꿈을 꾸었습니다. 주님이 말씀하셨어요.

"네 생명이 다 되었으니 준비하거라."

고단하고 힘겹게 살아온 생을 마감하고 마침내 주님 품에 안긴다 생각하니 너무나 기뻤습니다. 그러나 목에 가시처럼 걸리는 게 있었습니다. 남편이었습니다. 주님께 사정했지요. "병든 남편을 두고 어떻게 먼저 가요. 남편 먼저 가고 제가 뒤따르면 안 될까요?"

며칠 후 한 목사님이 오셨습니다. 정말 내키지 않으나 주께서 꼭 전하라 하셨다며 속히 준비하라는 말씀을 건네고 가셨습니다. 또 며칠 후, 뜻밖에 동생들과 올케들이 들이닥쳤지요. 제 건강 때문에 기도하는데 저의 생명이 다 되었다는 응답을 받았다며, 혹시 얼굴도 못 보는가 싶어 달려왔다고요. 또 얼마 안 되어 아래층 살다 이사 간 아주머니한테서 전화가 왔습니다. 꿈을 꾸었는데 제가 흰옷을 입고 "이제 떠나야 해요." 하는 말을 건네더랍니다. 또 며칠 후, 고향 친구한테서 전화가 왔습니다. 제가 주일학교 교사 때 가르쳤던 후배가 저를 찾으면서, 기도 중에 제가 천국 가는 모습을 보았다는 말을 전하더랍니다.

급해졌습니다. 마음 준비를 단단히 하고 옷가지와 살림살이 등을 정리했지요. 열 평 남짓한 집도 아들 앞으로 옮겼습니다. 하지만 1급 장애인인 남편을 두고 갈 생각에 마음이 괴로웠습니다. 계속 기도하며 주께 사정했지요. 생명을 바꿔주시면 안 되느냐고…… 꿈에 주님이 오셔서 말씀하셨어요. "네 생명을 조금 더 연장해 주겠으니 이제 육신 남편의 아내로서가 아니라 나의 신부로서 살다 오거라."

'주님의 신부로 사는 게 무얼까…' 생각하고 생각했어요. '남편을 두고 전도하러 다닐 수도 없고, 이제 몸도 성치 못한데 어떻게 주님의 신부 된 마지막 삶을 드릴 수 있을까….'

그러던 중 마음 깊은 곳에서 한 생각이 떠올랐어요. 사는 게 너무 힘들어 주께 묻고 또 묻던 때가 있었습니다.

"주님, 제 인생은 왜 이렇게 어려움만 가득한가요?!"

주님이 이렇게 응답하셨습니다.

"이 모든 일이 너의 간증이 되리니, 나이가 들거든 이곳저곳에 다니며 간증하거라."

그러나 하루하루 사는 일에 치여 그만 제대로 순종하지 못했어요.

이제 얼마나 남지 않은 시간, 이제라도 주의 말씀에 순종하려 이렇게 펜을 들게 되었습니다. 제가 걸어온 좁은 길에 스쳤던 기억을 떠올리고, 그 흔적마다 젖어든 주님의 은혜 하나하나를 찾아 모았습니다. 노년의 야곱이 바로 앞에서 토해냈던 고백처럼, 저의 나그네 삶도 참 '험악한 세월'이었습니다. 너무 힘들고 어려워서 어떻게 여기까지 왔는지 모르겠네요. 그러나 저 혼자 걸어온 길은 아니었습니다. 사랑하는 주 예수께서 제 여린 손을 붙잡고 지나온 길이었습니다. 그분이 함께 계셔주셨기에 그 많은 눈물이 노래가 되고, 가슴의 상처가 소중하고 비밀스러운 간증이 된 이야기지요.

이 이야기를 마감하며 꼭 해두고 싶은 말씀이 있습니다. 어느 것 하나 제가 자랑할 게 없다는 거예요. 모두 다 주님께서 저를 불쌍히 여기셔서 베풀어 주신 은혜입니다.

연약한 한 송이 얼음새꽃이 뿌리를 땅에 굳게 내리고 냉기 가득한 눈밭을 비집고 잠시 피어나듯이, 비록 가난과 고난에 여린 몸이지만 하나님의 은혜에 믿음의 뿌리를 내리고 잠시 세상에 그리스도의 향기를 내고 지는 것, 다 아버지 하나님의 은혜 때문입니다. 주 예수님의 사랑 때문입니다. 성령님의 능력 때문입니다. 저는 그저 감사하며 모든 영광을 주님께 드립니다.

이제 이 이야기를 세상에 남기고, 사랑하는 주께서 부르시는 날 기쁘게 떠나려 합니다. 기도합니다. 저처럼 주 예수 그리스도의 신부로 부름을 받아, 비록 좁은 길을 걸어가도록 부름을 받았을지라도, 그분의 손을 놓지 말아야 하는 모든 이들에게 하나님의 사랑과 그리스도의 은혜와 성령님의 능력이 항상 함께하시기를, 그리고 그 존귀하고 사랑스러운 영혼들을 통해 세세토록 영광을 받으시기에 합당하신 성부 하나님

과 성자 예수님과 성령 하나님께 찬송과 경배와 영광이 영원토록 올려
지기를 기도합니다.[1]

---

1 지은이 방길순 권사님은 이 원고의 오디오북 녹음을 마치는 날, 12월 14일에 소천하셨습
니다.

삶의 조각들

김은희

구멍

빈 가을이 검은 새를 불렀다.

들녘에 까마귀 떼

시리게 푸른 하늘을

검은 외투 반짝이며

까아악 깍 외마디로

모든 것들의 접근을 막는다

늦가을 마지막 축제의 옷을 벗어 던진 나무들

바람길을 쉽게도 내주더니

내 가슴 한켠도

숭숭 뚫린 바람길에

서늘함으로 시리다

총 맞은 것처럼 뚫려버린 머릿속

무엇으로 채울 수 있을까.

솜인형이라면 솜뭉치 꾹꾹 눌러 채워주면 되건만

검게 변해버린 구멍들은 무엇으로 채우나.

구멍 난 그곳에

종이비행기 띄워

별을 따다 메울까.

여름 소나기 끝에 매달린

무지개로 메울까.

베토벤의 운명 교향곡이면 메워지려나.

방향을 잃어버린 나침반

마주하다

농소마을 들에서 바람이 불었다
그의 손짓을 따라
눈을 돌리니
그곳에서 그는 기다리고 섰다
포근한 흰 구름 두둥실
연두색 손짓으로 따라오라기에
들판을 달려
초록의 모습으로 간다.
행여 놓칠세라
웃음 가지 꺾어 들고
바람길 따라
논둑길 걸었다
바람을 따라 모두 웃는다
농소마을은 웃음이 샘 솟는 곳이다.

농소길에서 마주하다

모내기가 한창일 때다. 이양기가 구멍을 숭숭 뚫어 놓은 논을 바라보며, 다리가 불편한 논 주인이 뚫린 곳에 모를 심느라 불편한 다리를 끌고서 논 한가운데로 들어가 모를 메꾸고 있었다.

그 모습에 친구네 옆집 권사님! 조용히 장화를 장착하시고 살그머니 논 주인이 모르게 뒤쪽에서 벼를 메꾸기 시작했다. 그 모습이 또 보기 좋아 친구는 블루베리 주스에 얼음을 잔뜩 띄워 건넸다. 그 바람에 논 주인은 돕고 있는 옆집 권사님을 발견하고 고마워 눈물이 반짝였다. 세 사람의 모습에 지나던 정다운 이웃이 거든다.

"에고, 이렇게 더운데 왜들 그래요! 좀 있다 시원해지면 하든가 하지."

그 말이 내게는 듣는 내내 달콤했다.

다음날 논 주인아주머니를 만났다.

"밥 먹으러 갑시다!"

"왜 밥을 사는디?"

"고마워서 그랴."

"그런데 왜 다섯 명이여요?"

"최 권사는 벼 심어줘서. 궁뜰 김 선상은 주스 만들어 갖다줬잖에. 이 권사는 차로 식당에 데려다줄 거니께, 그리고 김 권사는 지나다가 걱정해 줬잖여."

그랬다. 매사 이런 농소마을이어서 바람마저도 정다울 수밖에 없다.

다정한 사람들이 사는 곳, 내 친구가 살고, 내가 정말 좋아하는 친구의 엄마가 계시는 그곳은 추운 겨울 뜨끈한 아랫목처럼 든든하게 나를 반겨주는 곳이다.

　망설임 없이 무한히 나누어 주는 곳. 그래서인가 동리 사람들도 내겐 허물이 없다. 분명 나는 그 동네 주민이 아니건만 모두 반기고 궁금해하며 안부를 묻는다.

　어느새 나는 그들의 따듯한 정에 길들어 버렸다.

　이런 길들임은 인생에서 다행이고 감사한 일인 것이다.

　농소마을은 볼모로 잡혀있는 머릿속 잡다한 생각들을 소멸시키기에 딱 좋은 그런 곳이다. 인생의 괘종시계가 마지막 타종을 할 때까지 가슴에서 함께할 이야기들이다. 특히나 이야기를 맛깔나게 전하는 친구가 있어 정말 좋은 나의 두 번째 고향이다.

늦가을

가을이 길 위에
길게 내려앉았다.

늦은 가을볕 깊숙이 들어선 카페
커피 한잔 앞에 놓고 저무는 가을을 본다.

이쯤의 바람은
주저 없이 축제를 열고

빈 벌판 따라 나는 청둥오리 군무에 맞춰
빛바랜 단풍도 춤을 춘다.

지난주에 없던 의자 하나
의자 뒤 천사 날개
의자에 앉아 천사나 될까!

천사 날개 활짝 펴고
늦가을 여행은
바람 따라
빈 창공 날아 보는 것

순천

2014년 9월부터 우리는 순천에서 새로운 삶을 시작했다.

순천은 아름다운 곳이었다.

처음 순천에 도착했을 때 깨끗한 도시에 놀랐다. 도시 뒷골목까지도 반듯하게 정돈이 된 곳, 그 흔한 쓰레기조차 보이지 않는 곳, 사람들은 친절하고 아름답기까지 했다.

順天의 이름이 그대로 드러나는 듯 보이는 곳이었다. 순천 : 하늘의 뜻에 순응하며 사는 곳. 정말 이름과 같은 느낌을 받았다. 음식은 특별히 맛있고 지극정성으로 대접한다는 느낌을 받았다. 그런 도시에 살게 된 것은 행운이라고 생각했다.

그동안 바쁘게 살아온 남편은 제대로 된 여행을 할 수 없었던 터라 기왕이면 가보지 못한 타지에서 근무하며 그곳을 여행하자는 꿈을 가지고 택한 첫 근무지가 순천이다. 그곳에서 처음 맞은 늦은 가을이었다.

남편은 1주일에 한 번 순천 시립요양원으로 진료를 다녔다. 항상 동행을 원했기에 나는 자연스럽게 그의 진료가 끝날 때까지 풍광 좋은 카페에 앉아 커피를 마셨다.

카페는 눈을 어디에 둬도 아름다운 풍광과 주인의 품격이 보이는 인테리어, 카페를 감싸고 흐르는 음악은 카페와 자연을 하나 되게 하는 묘한 매력을 품은 조용한 곳이었다.

그곳엔 전에 없던 천사 의자가 하나 놓였다.

동행이 있었다면 분명 그 의자에 앉아 천사 놀이를 했을 터. 혼자 온갖 호사를 누리다 보니 남편이 진료에 여념이 없을 시간인데 혼자 마냥 즐기는 게 조금 미안했다.

그래도 이 기분은 놓치기 싫어 노트를 꺼내 소감을 적어낸 시간이었다.

다시 그곳에 가보고 싶은 마음에 들뜬 오늘이다.

딸

딸은
서운하다며
축복도 못 받고 세상에 왔습니다.
그래서 이름도
섭섭이입니다.

어머니도
딸이었습니다.
그런데도
딸은
딸을 서운해합니다.
뭐든 딸보다 먼저
아들에게 줬습니다.
동생이지만
아들을 혼낼 수도 없습니다.

그런데 세상이
개벽을 했나봅니다.
이제는

딸이 소리를 높입니다.
울 밖으로
딸의 소리가 넘으면
혼이 나던 그때가 언제였는지
기억도 없는 듯

아들의 어깨는 움츠러듭니다.
딸의 남편도
아내인 딸의 말을 조심스레 듣습니다.

엄마의 모든 것이 싫었습니다.
이제는
그런 엄마가 안쓰럽습니다.

가만히 엄마의 모습으로 변해가는 나를 보면서
딸이었던 어머니를 생각해봅니다.

딸

시대가 사람의 지위를 바꾸나 봅니다.

고려 때까지만 해도 우리는 딸이나 아들이나 같은 지위였습니다.

그랬던 여성의 지위가 바뀐 건 유교가 들어온 후였습니다.

그러고 보니 공자의 사상이 우리 딸들을 옥죄는 학문이었네요.

언제인가 본 공자가 죽어야 나라가 산다는 책을 읽은 기억이 납니다. 바다 출판사에서 출간한 이 책의 저자 김경일은 우리 사회의 뿌리 깊은 유교적 가치관이 사회를 병들게 하고 있다고 했습니다.

도덕이라는 단어는 유교에서 강하게 어필되는 단어입니다.

그 말은 무조건 적인 순종도 포함된 말 같습니다.

특히 여성은 더욱 그러합니다.

유교에서는 여자는 태어나면 아버지의 말에 순종하고, 결혼하면 남편에 순종하고, 남편이 죽고나면 아들에게 순종하며 살아야 한다고 가르쳤습니다.

또 여자의 소리가 담을 넘으면 집안이 망한다는 말에 여성은 그저 숨죽이며 살아야 했지요. 그런데 이제는 여자의 소리는 담을 넘어야 흥하고 그래야만 세계 속에 당당히 설 수 있다고 합니다. 예전 같으면 흉잡혔을 일들이 대단하다, 칭찬받습니다.

섭섭한 딸에서 당당한 며느리로 아내로 거듭나 세상을 포효합니다.

격세지감을 느낍니다. 섭섭한 딸이 태어난 지 40여 년 만에 세상은 뒤

집혔습니다.

딸이었던 시어머니에게 시집살이를 맵게 한 저로서는 설 자리를 잃은 듯 허허롭습니다. 소위 낀 세대의 애환이 이런 게 아닐까? 기분이 참 묘합니다.

그렇지만 한편으론 잘 변화된 세상이라 안심되고 다행이다 합니다.

딸이 태어나던 날 딸이었던 시어머니에게 '겨우 가시나 하나 낳으려고 돈을 썼냐!' 하는 소리를 들어야 했고, 병원비조차 딸이라고 막무가내로 깎았습니다.

나이 드신 의사 선생님은 나를 애처롭게 바라보며 시어머니를 나무랐지요. '저렇게 이쁜 손녀를 낳아준 며느리에게 고마워하셔야지요! 그리고 회복이나 되거든 데리고 나가셔요!' 하셨지만 언감생심 딸 낳은 며느리는 이미 미운털이 잔뜩 박힐 대로 박혔으니 원장님의 말이 귀에 들어올 리도 없을 터, 며느리는 떨리는 다리를 간신히 끌고 집으로 돌아올 수밖에 없었습니다.

구박덩이 딸, 그러나 그 딸은 할머니에게 사랑을 샘솟게 했고 자라서는 편지글로 외로움을 위로해 드리는 귀한 손녀 노릇을 했습니다. 지금은 큰소리로 여자라서 행복하다는 무언의 말들을 이어가고 있지요.

세상의 딸들이 소리를 내며 경제를 책임지고 나라를 책임지고 세상을 살리는 일들을 이어가고 있습니다. 세상이 변하여 딸이 태어나면 섭섭한 게 아니라 잘했다 칭찬합니다. 섭섭했던 딸은 이제 세상에 없습니다.

바람난 여자

꽃비가 내리던 날
바람이
향내를 싣고
귀를 간질이며 소식을 전한다.
기다리고 있노라고

일주일 전에는
살짝 얼굴만 붉히더니
어느 결엔가
홍조가 되어 그곳에서
기다리고 있노라고

바람난 여자는
겨울이 길 터준 연두 빛 봄 길을 달려
집빠귀 새가 둥지를 틀고 있는
홍도화 꽃그늘에 안겼다.

얼굴만 붉히던 홍도화는
오늘은 화려한 자태로 유혹했다!

정숙해야할 선암사 절간을 붉게 물들인
홍도화!

너 때문에
나는 바람이 났다.

2014년 4월 11일

선암사

순천은 그저 생각만으로도 행복한 고장이다.

낙안읍성이 있는 깨끗하고 맑은 동네에서 2년을 살았다. 어쩌면 직장이 폐쇄되지 않았다면 오래도록 그곳에서 살았을 터였다.

남편 직장이 폐업을 하는 바람에 우리는 그곳을 떠나야 했지만 그 후로도 자주 시간을 내어 가곤 했다. 순천에서 대전 집으로 1주일에 한 번씩 다녀갈 때마다 오가는 그 길은 눈부시게 아름다운 곳이었다.

워낙에 봄이면 벚꽃이 전국을 치장하지만, 그곳 벚꽃에서 특별함을 느꼈다. 두 겹으로 심은 벚꽃 나무들이 상사호라는 제법 큰 호수를 끼고 흐드러지게 피어있는 모습은 목석이라도 차를 세우고 카메라 셔터를 누르며 한참을 앉아 행복한 생각에 모두 꽃 바라기가 되기에 정신이 없게 만든다.

차례를 기다리는 꽃들의 향연은 또 있다.

아름다운 그 길을 벗어나 조계산에 들어서면 백제 선왕 7년에 고구려 승려 아도화상이 절을 짓고 해천사라고 부른 것이 선암사의 기원이 된 선암사가 자리를 잡고 있다. 이제 천 년 고찰 선암사는 유네스코에 등재되어 그 아름다움과 품위를 간직하게 되었다. 선암사는 천년 고찰이라는 별칭 외에도 봄에는 매화가 경내를 물들이고 가을이면 단풍이 사람들을 끌어당기는 곳이다.

특히 매화의 색과 꽃의 크기가 일반적인 매화꽃으로 생각하면 큰 오산이다. 그곳 선암사의 매화는 진한 붉은색을 띠며 크기도 왕벚꽃만큼 이나 크다.

모두 홍매화를 보기 위해 바람이 난다.

나도 예외가 아니어서 홍매화의 교태를 찾아 몇 번의 구불구불한 그 길을 투정 한번 못하고 애끓게 다녀오곤 했다.

그뿐이랴. 가을이면 단풍이 유혹하고 겨울이면 붉은 동백이 유혹한다. 정숙해야 할 절간을 갖은 꽃들이 교태를 부리며 유혹하니 절간이 조용할 리가 없다. 늘 소란스러운 그곳 선암사가 이 뜨거운 여름날 다시 그립다.

연두색 공기

연두색 공기를 마시며
스물두 가지 색의 온도가 내려앉은 공원에
휠체어 무리
따순 햇살 아래
찌들린 육신을 데우고 있다.
서로에게 건네는 맑은 미소
멀쩡한 내 다리는 순간 휘청거렸다.

마음을 더듬는 그들의 미소
골짜기 물소리 풀릴 생각 못 하다가
맑은 웃음 날고 날아
꽝꽝 얼었던 얼음에 다다르니
그만 쨍 소리 내며 웃고 만다.

닫혔던 내 심장에
맑은 마음 들어오니
볼모로 잡혀있던
잡다한 생각들 소멸되고
갇혀 불구 되었던 심장이

광명을 얻은 순간이다.

열네 개의 별들

280km를 달렸다
황금의 들녘 따위 보이지도 않았고
코스모스 웃고 있는데
가냘픈 허리 꺾일까 염려되지만
인사할 겨를 없이

물주머니 곧 터질 듯
하늘이 웅크리고 있으니
쏟아질 물 폭탄
갈 길 멀게 할까
온 힘으로 달려서

어느새 다다른 곳
좁은 계단 타고 올라
왁자한 소리 찾아
낡은 문 활짝 젖히니
열네 개의 별들이 일제히
빛을 내며 달려온다.

안 오는 줄 알았어요!
선생님 너무 예뻐요!
내가
빛의 속도로 와야 했던 이유
별들의 기다림이 있어서다.

아이들과의 놀이

마음속에 간직했던 꿈 하나.

오래전부터 꿈꿔온 성우의 꿈.

어릴 적 작은 트렌지스터 라디오에서 흘러나오던 사람들의 이야기는 나를 외로움에서 벗어나 행복했던 기억으로 만들었다.

나를 성우의 꿈을 꾸게 했던 라디오. 그러나 꿈을 다 이룰 수 있는 건 그 시절에는 특별한 경우였다. 모두가 어렵고 힘든 시간을 견디며 살던 시절이었기에 나 역시 꿈은 꿈으로 끝나고 나의 소망은 저 멀리 떠나가는 그저 삶에 찌들어 버린 것이었고, 그래서 성우의 꿈을 버린 지 오래되었다.

그러다 나이 들어 새록새록 솟아난 성우를 향한 꿈이 다시 꿈틀거렸고 네모난 초록 창에 연신 클릭한 덕에 성우교육을 한다는 대학의 평생교육원 강의에 내 눈은 확장되었다.

지방에서 그 먼 서울에 있는 대학까지 간다는 건 엄청난 일처럼 느껴졌지만 난 단번에 상의도 없이 등록을 마쳤다. 다행히 남편의 열심히 해보라는 격려까지 받으니 더 힘이 났다. 그렇게 시작된 성우교육은 모든 게 새롭고 신이 났다.

매주 서울에 자동차로 달려가는 그 길이 힘듦이 아니라 즐거운 행사를 가는 듯 좋았다. 하지만 인생이란 마냥 순조롭기만 한 건 아니다. 시련이 다가왔다.

죽을 만큼 아프고 감당하기 힘든 사건이 몰려왔다. 학교를 계속 다닌다는 게 어불성설이었다. 몇 날을 그냥 생각도 할 수 없고 숨을 쉴 수도 없었다.

그런데 웬일인가. 신은 공부를 계속하기를 바라시는 거 같았다. 등교해야 하는 날 가만히 차에 올랐다. 그리고 운전하며 생각하고 목이 터져라 울었다. 어디에서도 마음 놓고 울 수 없는 내 처지가 힘들어 더 울고 싶었다.

조선시대 박지원이 중국 대륙의 광활함을 보면서 통곡할 만한 장소라고 했었다는데 내게는 통곡할 만한 장소가 차 안이었다. 그것은 치유의 효과를 주었다. 숨을 쉴 수 있는 시간. 그랬다. 그 아픔 중에도 학업은 계속됐고 무사히 수료까지 마쳤다.

그렇게 해서 얻은 자신감을 출판문화 협회에서 운영하는 낭독 문화 봉사단에 지원해 낭독 봉사에 참여할 수 있는 행운을 얻었다. 이 일은 많은 아이에게 사랑을 주는 일이었고 많은 어른에게 위로를 드리는 일이었다. 또한 내게는 커다란 위로를 넘어 숨 쉴 수 있는 시간도 되었다. 이렇게 해서 만난 아이들이었다.

이날도 7명의 아이들은 다른 선생님과 수업하고 있으면서도 나를 기다리고 있었다. 부모님들이 저녁 늦은 시간까지 직장에 근무하는 탓에 맡겨진 방과 후 아동센터 평소 사랑이 많이 필요했던 아이들에게 책을 읽어주고 책 내용을 가지고 놀이도 하며 그야말로 신나게 놀아주었다. 나를 기다려준 고마운 아이들 아이들에게 준 것 보다 더 많이 얻어온 나날이었다.

2022년 하반기는 내게는 잊을 수 없는 소중한 시간이었다. 아이들에게 환우들에게 시설에 계신 어른들에게 책을 읽어주는 일은 앞으로도 내 소리가 허락되는 한 계속될 일이다. 지경을 넓혀 오디오 북을 만들어 시각

장애인 봉사 단체에 제공까지 하게 되어 신에게 상급을 받는 느낌이다.

 감사를 계속 되뇌게 하는 고마운 일이다.

일 상

대문 밖
반가이 맞이하던 일상
그런 너를 기다리다
또 기다리다
목이 다 타들어 갈 때쯤

너 살그머니
반 발짝 다가온 모습 보고선
눈물이 살몃 났다

하염없이
2년 하고도 8개월을 더 기다린 끝에
빼꼼이 든 봄기운

여름날
뜨거운 대지가
열기로 출렁일 때도
세상은 북극 한파였다

야속한 너를 기다린 끝에
소중함 깨닫기 시작했고
그제서야 너는 우리에게
준비됐냐 물으며
완연하고 따사롭게 와 주었다

이제는 다시는
너를 잃지 않으리
다시는 너 일상의 소중함을 아끼리

매시간 부지런히 섬기며
매시간 감사하고
고마워하면서

어느 날 tv에서 코로나로 인한 거리두기를 완화하고 마스크도 자유롭게 써도 된다는 소식을 들으면서 기쁜 마음을 시로 적어 보았다.

코로나를 겪으며 이제 와서야 평범한 우리들의 일상이 얼마나 특별한 것인지를 깨닫는 계기가 되었다.

한 번도 귀하게 생각지 않았던 이웃과의 파안대소가, 피해야 하는 일이 되었을 때, 무시로 잡았던 손들을 멀리해야 했고 웃음 띤 모습의 얼굴은 꽁꽁 숨겨두고 속으로 무슨 말을 하는지 알 수 없는 눈빛만 교환하는 어색함이 일상이 되었던 무서운 시간들을 보냈다.

일생의 한번 뿐인 결혼식을 공개적인 축하도 받을 수 없어 뒤로 미루고

코로나로 돌아가시면 문상조차도 거부되는 비극의 연속이었다.

부부라 해도 코로나 앞에서는 강제 격리를 당해야 했고 스스로 살아나야 했다.

각자 도생의 삶이 일상이 되면 어쩌나 하는 두려움의 시간이 될 즈음에 다시 찾게 된 일상의 평화가 소중하게 다가왔기에 감사한 마음뿐이다. 이제 사람들이 이 사태를 거울삼아 자연을 소중히 여기고 신이 허락한 범주 안에 살았으면 하는 마음이다.

그러려면 어디 다시 어른을 위한 어린이 교육이 없을까?

우리들의 모든 일상의 아름다운 것들은 유치원에서 배운 것들이었듯 어른들인 우리는 아무래도 유치한 공부를 다시 해야 할듯하다.

유치한 공부를 위해 어린이 어른들과 많이 사귀어야겠다.